Andi Weiss (Hrsg.)

Für mich bist du ein Wunder

Wahre Mutmachgeschichten, die das Herz bewegen

Über den Herausgeber

Andi Weiss ist auf zahlreichen Konzerten und Veranstaltungen als Songpoet und Geschichtenerzähler unterwegs. Die andere Hälfte seiner Zeit berät und begleitet er als Coach und Logotherapeut Menschen in Krisensituationen und unterstützt Firmen in der Förderung ihrer Führungskräfte. Auch als Buchautor hat er sich bereits einen Namen gemacht. Von der renommierten Hans-Seidel-Stiftung wurde er mit dem „Nachwuchspreis für Songpoeten" ausgezeichnet.
Andi Weiss ist verheiratet und lebt mit seiner Frau Martina und seinem Sohn Emil Leo in der Nähe von München. Er engagiert sich für die Hilfsorganisation *Opportunity International Deutschland.*

Mehr Informationen über den Autor und Künstler finden Sie unter *www.andi-weiss.de*

Andi Weiss (Hg.)

Für mich bist du ein Wunder

Wahre Mutmachgeschichten, die das Herz bewegen

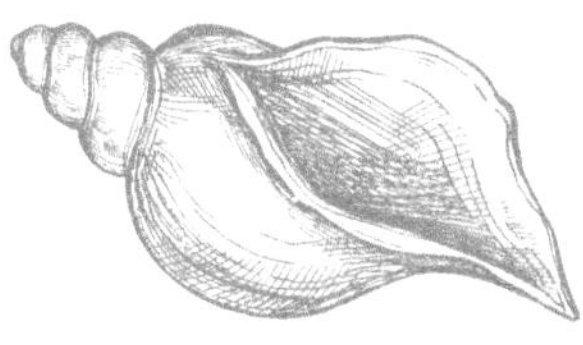

GerthMedien

Inhaltsverzeichnis

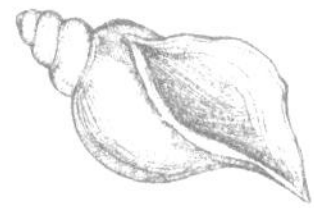

Ein Wort zuvor....

Wun·der
/'vʊndɐ,Wúnder/
Substantiv, Neutrum [das]

außergewöhnliches, den Naturgesetzen oder aller Erfahrung widersprechendes und deshalb der unmittelbaren Einwirkung einer göttlichen Macht oder übernatürlichen Kräften zugeschriebenes Geschehen, Ereignis, das Staunen erregt; ein Wunder geschieht, ereignet sich

etwas, was in seiner Art, durch sein Maß an Vollkommenheit das Gewohnte, Übliche so weit übertrifft, dass es große Bewunderung, großes Staunen erregt; „die Wunder der Natur"

Liebe Leserin, lieber Leser! Herzlich willkommen in diesem *wunder*baren Buch!

Hier erzählen ganz unterschiedliche Menschen von ganz unterschiedlichen Wundern. Da finden zwei Menschen nach einem Streit wieder zueinander. Da fallen Mauern. Da trotzen Menschen den Stürmen des Lebens und andere entdecken „zufällig" ihre zukünftigen Lebenspartner und mit ihnen die kleinen und großen Wunder des Alltags.

Was alle Geschichten miteinander verbindet, ist die wundersame Erfahrung, dass Menschen über sich hinauswachsen können. Viele verschiedene Begebenheiten und Erlebnisse, die zeigen, dass das Leben unterwartete, wundersame Wendungen nehmen kann. Auch dann, wenn Situationen schon längst aussichtslos schienen.

Ich bin ehrlich zu Ihnen. Mir fiel es schwer, auch übernatürliche Heilungswunder in die Geschichtensammlungen mit aufzunehmen. Und trotzdem finden sich in diesem Buch Geschichten, die auch von Heilungen erzählen. Seit vielen Jahren begleite ich Menschen in den unterschiedlichsten Lebenslagen. Viele von ihnen haben mir von ihren Heilungswundern erzählt. Was für ein Geschenk, wenn ein Mensch trotz schwerer Krankheit wieder gesund wird! Aber ich habe in den vielen Jahren noch mehr Menschen kennengelernt, die genauso gehofft, geglaubt, gebetet und gekämpft haben. Menschen, die trotzdem gestorben sind, die trotzdem keine Kinder bekamen oder die trotzdem nicht geheilt wurden – obwohl sie fest daran glaubten. Manchmal werden Menschen gesund und manchmal nicht, auch wenn ihnen der Glaube an Gott und die Hoffnung auf Heilung gemein ist. Ich kenne auch viele Menschen, die an diesen Grenzen des Lebens nicht mehr glauben können, dass da ein Gott ist, der sie liebt. Wer könnte das nicht nachvollziehen? Und trotzdem will ich an Gott festhalten – trotzdem. Weil ich glaube, dass Gott schon immer an mir festhält – trotzdem. Weil ich glaube, dass Gott da ist. Bei und für jeden Menschen. Unabhängig davon, ob unsere Gebete nach unseren Vorstellungen erfüllt werden oder nicht. Nein, ich glaube nicht, dass Gott am Schalter sitzt, den einen heilt, weil er es „verdient" hat, und den anderen nicht. Aber ich glaube, dass – egal was passiert – selbst im größten Leid, Leben gestaltet werden kann. Ich glaube, dass wir nicht alleine sind und deshalb Grenzen überwunden werden können. Wunder geschehen, wenn es gelingt, dass zwei Menschen wieder aufeinander zugehen. Wunder geschehen, wenn Gottes Liebe Menschen dazu bringt, im dunkelsten Tal mutig weiterzugehen. Wunder geschehen aber auch dann, wenn Menschen Frieden finden, indem sie sich *nicht* zufriedengeben mit ihrer Situation.

Sicher erinnern Sie sich an den Moment, in dem der damalige Außenminister Hans-Dietrich Genscher am 30.9.1989 auf dem Balkon der deutschen Botschaft in Prag in wenigen Worten die Reisefreiheit für alle Bürger der damaligen DDR verkündete. Der darauf folgende Schrei der vielen Menschen, die sich unter dem Balkon versammelt hatten, geht mir noch heute tief unter die Haut. Es ist ein Schrei der Befreiung. Ein Triumph. Gewaltlos und doch so gewaltig wurden Grenzen gesprengt.

„Mit allem haben wir gerechnet, nur nicht mit Kerzen und Gebeten. Sie haben uns wehrlos gemacht", sagte der ehemalige Vorsitzende des DDR-Ministerrates Horst Sindermann, als die Mauer fiel. Gebete geben Kraft. Gebete machen Mut. Gebete sind trotzig – weil sie sich nicht einfach abspeisen lassen und weil sie an eine doppelte Kraft erinnern: Sie ringen, bitten, schreien, kämpfen – im Wissen um die versprochene Nähe Gottes und der eigenen Lebensverantwortung. Thomas von Aquin hat gesagt: „Für Wunder muss man beten. Für Veränderung muss man arbeiten." Widerspricht sich das nicht? Ich glaube, nein. Martin Luther ergänzt: „Ich muss heute viel arbeiten – also muss ich heute viel beten".

Es ist das trotzige „DOCH!" des Lebens. Die Hoffnung, die antreibt. Das Wissen: Ich bin für mein Leben verantwortlich – aber ich bin damit nicht alleine. Wenn ein Mensch sich seines „Selbst" bewusst wird. Wenn ein Mensch begreift, dass sein Leben ganz im Hier und Jetzt, aber auch weit über dieses gegrenzte Leben hinaus eine Bedeutung hat. Dann, wenn ein Mensch weiß, dass er mehr wert ist, als er vielleicht gerade sehen kann. Dann, wenn ein Mensch trotz seiner verfahrenen Lebensgeschichte wieder Leben gestalten kann. Dann entstehen die großen und kleinen Wunder, die das Leben so bedeutsam machen.

Mich bewegt die Geschichte einer Frau, die zu ihrem Seelsorger geht. Sie erzählt ihm aus ihrem Leben. Ein dunkles Leben. Eine schwierige Kindheit, eine noch schwierigere Jugend. Als sie am Ende angekommen ist, sagt sie: „Verstehen Sie mich jetzt? Verstehen Sie, warum ich mich selbst nicht lieben kann? Verstehen

Sie jetzt, warum ich mich so schmutzig und so wertlos fühle?" Der Seelsorger nimmt daraufhin einen Geldschein in die Hand und fragt: „Was ist denn dieser Geldschein wert?" Die Frau antwortet: „50 Euro – steht doch drauf!" Dann nimmt der Mann den Geldschein, zerknüllt ihn und macht Risse rein. Er wirft ihn auf den Boden und tritt darauf herum. Anschließend hebt er den Geldschein wieder auf, zeigt ihn erneut der Frau und fragt: „Was ist der Geldschein denn jetzt wert?" Mit Tränen in den Augen antwortet die Frau: „50 Euro".

Was hält Sie davon ab, die vielen Wunder in Ihrem Leben zu entdecken? Sind es die Enttäuschungen und Verletzungen Ihres Lebens? Momente, die uns die positive Sicht auf das Leben verdunkeln, weil wir fest davon überzeugt sind, dass es im Leben ja sowieso nicht weitergeht? Sind es die Momente, in denen Menschen an Ihnen schuldig geworden sind? Und Sie fragen sich schon seit so vielen Jahren, wann diese Wunden endlich aufhören wehzutun, und wann diese Verletzungen endlich heilen dürfen? Vielleicht sind es aber auch die Momente ihres Lebens, in denen Sie schuldig geworden sind. An Gott? An anderen Menschen? An sich selbst? Und vielleicht fragen Sie sich schon so lange, wie es Ihnen trotzdem gelingen könnte, Ihr Leben zu gestalten? Vielleicht leiden Sie gerade unter einer schweren Krankheit? Und immer, wenn Sie sich anschauen, wenn Sie in den Spiegel schauen, Ihren Körper, Ihr Leben sehen, dann sehen Sie so viele Argumente, die dagegensprechen, dass Sie es wert sind, geliebt zu werden. Nicht von Gott, nicht von anderen Menschen und schon gar nicht von sich selbst?

Sie sind doch nicht nur Ihre Krankheit! Sie sind doch nicht nur Ihre Lasten, Ihre Sorgen, Ihre Wunden oder Verletzungen. Sie sind doch so viel mehr! In Ihnen liegt ein gesunder, ein heiler Kern. Im Psalm 139 lesen wir, wie Gott sich schon vor unserer

Geburt kreative Gedanken gemacht hat, mit welchen großen Schätzen er uns ausstattet. Sie sind *wunder*bar gemacht! Und diesen Schatz kann Ihnen niemand nehmen, niemand kaputt machen oder stehlen. **Sie sind ein Wunder!**

Vielleicht sehen Sie gerade nur Ihre Traurigkeit, Ihre Wunden, Ihre Verletzungen, Ihre Einsamkeit, Ihre Arbeitslosigkeit, Ihre Sorgen, Ihre Ängste. Sie sind ein geliebtes Kind Gottes! Sie sind mehr als alles, was Ihnen den Grund zum Leben nimmt. Sie sind größer als Ihre Angst. Mehr als Ihr Körper! Mehr als Ihre Erfolge und Niederlagen! Wachsen Sie über sich hinaus! Übernehmen Sie die Verantwortung für Ihr Leben! Gestalten Sie Ihr Leben und feiern Sie die grenzenlosen Möglichkeiten, die Ihnen jeder neue Tag schenkt! Schauen Sie zurück auf Ihr Leben und entdecken Sie, was Sie schon alles geleistet haben, und dann schauen Sie in den Spiegel und sagen sich: „Ja, ich bin ein Wunder!" Wer diesen heilsamen Blick auf sich selbst lernen darf, der kann dieses Geschenk auch heilsam weitergeben und auch zu seinem Mitmenschen sagen: „Für mich bist du ein Wunder!"

Bleiben Sie behütet!
Ihr
Andi Weiss

Mensch, wie ich dich bewunder

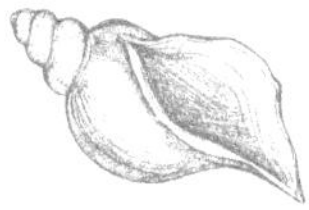

Mensch, wie ich dich bewunder,
wie ich täglich staune,
wie du dein Leben denkst.
Und Mensch, trotz alter Wunden
hast du dich neu erfunden,
weil du täglich kämpfst.

Es gäb so viele Gründe aufzugeben,
doch dich kann nichts zerstörn.
Trotz aller schweren Schwierigkeiten
wirst du nicht aufhörn.

Mensch, da waren ohne Ende Schrecken,
du wolltest dich nicht verstecken,
hast dich dem Leben präsentiert.

Mensch, dir wurde viel entgegnet,
es hat so oft geregnet,
doch du hast triumphiert.

Jetzt bist du an dem Punkt,
du schaust zurück, die Welt schaut zu.
Du hast so viel geschafft, und jetzt –
mach du nur weiter so!

Für mich bist du ein Wunder,
weil du mich verwunderst,
wie du dein Leben meisterst,
und wie du dich festhältst.

Und mitten im „Land unter“,
machst du die Welt noch bunter,
beweist mir, wie du stehst
und wie du dein Leben lebst,
dass es trotzdem weitergeht.

Mensch, trotz aller Widrigkeiten
siehst du die guten Zeiten
und lässt die Glut noch glühn.
Und Mensch, trotz vieler schwerer Worte,
hast du doch deine Orte
und lässt dort deine Blumen blühn.

Jetzt bist du an dem Punkt:
Du schaust zurück, die Welt schaut zu.
Du hast so viel geschafft, und jetzt –
mach du nur weiter so!

Andi Weiss
„MENSCH, WIE ICH DICH BEWUNDER!“
aus der CD: „GIB ALLES, NUR NICHT AUF!“

www.andi-weiss.de

Die Liebe spricht für sich

Auf den ersten Blick wirkt die Mutter von Caro ein bisschen so, wie ich mir als Kind eine Hexe vorgestellt habe. Tiefliegende, dunkle Augen unter der gerunzelten Stirn fixieren mich misstrauisch. Sogar das spitze Kinn passt in mein Bild. Nur der Besen fehlt. Dafür hat sie aber eine hohe, schrille Stimme. Diese bohrt sich in mein Ohr, während sie alle Schandtaten und Verfehlungen von Caro aufzählt und allen Ärger, den sie andauernd und immer und immer wieder mit ihrer Tochter hat. Diese sitzt still da und blickt aus dem Fenster. Einige Male – zu Beginn war sie noch wütend geworden – hatte sie versucht, sich zu verteidigen. Inzwischen hat sie aufgegeben. Vorübergehend. Gerade erzählt die Mutter, Caro quäle nun schon den Hund, sie schlage ihn und trete nach ihm. Ich sehe Caro an. Sie schaut weg. Tränen füllen ihre Augen. „Kein Wunder, wenn ich sie dann mal härter anfasse. Ich kann nicht mehr. Ich kann für nichts garantieren. Das nächste Mal schmeiße ich vielleicht den Stuhl nach ihr." Eine wütende, verzweifelte Hexe. Ohne Besen zum Glück. Wir vereinbaren, dass es eine Pause braucht. Nach vielen gescheiterten Versuchen des Zusammenlebens wollen beide erst mal Ruhe voneinander. Caro geht vorübergehend in eine Einrichtung, in der Kinder wohnen, die in der selben oder einer ähnlichen Situation sind. Sie kommt weiterhin jede Woche zu mir, sie wirkt entlastet. Es geht ihr gut. Heute trifft sie zum ersten Mal in der Therapiesitzung auf die Mutter. Wir haben eine gemeinsame Stunde vereinbart. Wie Fremde sitzen sie sich gegenüber. Die Mutter ist gekränkt. „Da geht's dir jetzt wohl besser, weil du da alles darfst, oder?" Jetzt ist gut, Frau Hexe. Wir sind immerhin heute hier, um „Psychokram" zu machen. Also: Auf geht's! Ich habe ein neues Spiel.

Es heißt Gefühlspantomime. Einer zieht eine Karte, verdeckt. Ich erläutere: „Darauf sehen Sie ein Bild von einem Menschen, der irgendein Gefühl ausdrückt. Das spielen Sie nach. Und wir müssen raten, was es ist. Sie fangen an, okay?" „Okay." Die Hexe zieht „glücklich". Immerhin mimt sie so, dass wir es erraten. Und sogar noch lachen. Es läuft gut. Ich ziehe „wütend". Auch meine Darbietung kommt gut an, das Gefühl scheint aber unter den Anwesenden auch bekannt zu sein. Jetzt kommt Caro. Sie nimmt die Karte. Sie spielt. Und spielt. Was macht sie denn da? Steht in der Ecke und guckt traurig zu ihrer Mutter. Spielt sie überhaupt noch? Es dauert ewig. Keiner sagt was. Irgendwann sage ich: „Ich komm nicht drauf." Ihre Mutter, ganz leise und ruhig, sieht sie an und flüstert: „Ich weiß es". Caro wartet. Die Mutter flüstert: „Vermissen?" Caro nickt. Ich bin raus. Lange sitzen beide aneinander geschmiegt, ohne zu sprechen. Die Liebe spricht für sich.

Martina Weiss, Psychotherapeutin für Kinder und Jugendliche, Jahrgang 1978

Keine Herzensverhärtung feststellbar

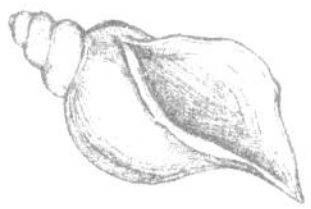

Wenn man bei ihnen im dritten Stock klingelte, bewegten sich parterre die Gardinen. Schritte schlurften herbei, die schrundige Holztür des abgerockten Mehrfamilienhauses öffnete sich, eine grimmige Frau musterte einen geringschätzig und keifte dann ins Treppenhaus hinauf: „Euer Westbesuch ist wieder da!"

Wenn ich – etwa alle eineinhalb Jahre – das junge Theologiestudentenpaar im Osten Berlins besuchte, unterhielten wir uns oben in ihrer Mansardenwohnung im stickig warmen Geruch aus Braunkohle-Ofen, Plastik-Bodenbelag und F-6-Zigaretten, nur leise und lieber bei laufendem Rasierapparat oder Fön. Die Bude war verwanzt. Eine Concierge als Spitzel im Hauseingang genügte der Staatssicherheit nicht.

Das Wunderbare an diesen Freunden in der DDR: Man konnte mit ihnen offen über die gegenseitige Schenkerei sprechen: Natürlich freuten sie sich über Kaffee, Südfrüchte, schicke Klamotten, verbotene Bücher und Schallplatten. Aber: Der staatlich verordnete Mangel machte *sie* zu artig dankbaren Kindern und *mich* zum gönnerhaften West-Weihnachtsmann. Diese schiefe Ebene der Beziehung rückten wir gemeinsam radikal waagerecht. Dass *ich* unter westdeutschen Bedingungen keineswegs reich und *sie* gemessen am Niveau ostdeutscher Lebenshaltungskosten keineswegs arm waren – das mussten wir einander nicht beteuern, das sahen wir ein in Gesprächen über Neid, Gier, Statussymbole, Stolz, Ehrgefühl, Scham, Arroganz, Unterwürfigkeit. Es waren geradezu pfingstliche Verständigungswunder, politische Versachlichungswunder, persönliche Ehrlichkeitsmirakel. Es gab bewegende Gebete bei Tisch und berührende Gottesdienste in der

Kirche. Als sie nach Ungarn in Urlaub fuhren, war ich mir sicher: Das wird ein Fluchtversuch. Sie wollen über Österreich rauskommen. Nein, der nächste Anruf kam wieder aus der Jungen Gemeinde in der gefährlich brodelnden und bröckelnden DDR. Ein Treuewunder, ein Solidaritätswunder, ein Mutwunder:

Immerhin hatten am 4. Juni 1989 die regierenden Kommunisten in Peking rund 3.000 Demonstranten mit Panzern niedergewalzt, und es war nicht ausgeschlossen, dass die SED-Chefs in Berlin dasselbe tun würden.

Dann fiel die Mauer. Dann fiel die Ostmark. Dann fiel die Treuhand ein und über alles her. Dann fielen die Masken. Und in vielen Kirchen fiel vieles aus. Opfer und Mittäter waren schwer zu trennen, Wendeverlierer und Wendegewinner gab es in denselben Familien.

Mir fielen die Vorurteile auf: Einst hochwillkommene Weihnachtsmänner aus dem Schlaraffenland waren jetzt beargwöhnte Raubritter aus dem Heuschreckenland. Einst geachtete Widerständler gegen die SED waren jetzt die ersten Übersiedler mit Reihenhaushälfte in Westfalen. Manche Friedensbeter und Kerzen-Demonstranten von 1989 richteten sich in heimlichem Selbstmitleid ein. Oder richteten ihre Enttäuschung gegen alle Wessis, die ja keine Ahnung hatten und nicht mitreden konnten und besser zu Hause geblieben wären und überhaupt…!

Im dritten Stock klingeln musste ich nicht mehr: Die Mansarde war nach Grundsanierung durch einen Investor unbezahlbar geworden für unsere Freunde. Die Stasi-Frau parterre war Sachbearbeiterin in einem Berliner Bezirksamt geworden, war also quasi in ihrer Branche geblieben. Die Junge Gemeinde gab es mangels junger Leute nicht mehr.

Das Wunder? Es begegnete mir in jenen DDR-Christen, die sich gerade nach dem Wendewunder der Herzensverhärtung widersetzten. Für sie, für etliche unserer Freunde „drüben“, fiel mir zehn Jahre nach dem Mauerfall ein Text ein. Johannes Nitsch hatte ihn vertont und Christine Rösch, Diakoniepfarrerin in Radebeul bei Dresden, gesungen:

Wir mussten uns so oft verweigern,
zunächst und allererst dem Neid.
Man wusste uns den Frust zu steigern
und auch die Minderwertigkeit.
Und jeden Tag „was willste machen“
und jedes Jahr „so ist's nun mal.“
Da klang es bitter, unser Lachen.
Die alten Witze klangen schal.

Sich der Erwartung nicht zu beugen,
stets arm und dankbar dazusteh'n,
vorm großen Mann den Kopf zu neigen
und dabei auch noch aufrecht gehn
war meistens schwierig, manchmal quälend.
Ein Hin und Her aus Stolz und Gier.
Das strengte an. Man fühlt sich elend.
Daran lief manche Freundschaft leer.

Wir mussten uns oft widersetzen
den Lügen und der Kumpanei
und jenen Ängsten, die uns hetzten:
Die große Chance sei vorbei.
Als nichts mehr ging und viele gingen,
gab Gott uns Kraft, nach Haus zu fahr'n
und nicht den Abgesang zu singen,
nein, auch die Hoffnung zu bewahr'n.

Wir weigerten uns auch zu glauben,
das Leben werde dadurch gut,
dass man sie schnappt, die sauren Trauben
und falschen Hasen aus dem Hut.
Dem faulen Zauber sich zu sperren,
dass nur wer hat, auch etwas ist –
fällt schwer unter den neuen Herren,
seit Habgier eine Tugend ist.

Lasst Euch die Herzen nicht verhärten
zur Zeit der Überheblichkeit.
Was wertvoll war, wird Gott bewerten
mit Gnade und Barmherzigkeit.
Dass Euch die Seele nicht verkrustet,
schafft Christus selbst, der in Euch wohnt,
von dem Ihr ahntet oder wusstet,
dass jeder Tag mit ihm sich lohnt.

Andreas Malessa, Theologe, Hörfunkjournalist, Buchautor, Jahrgang 1955, Hochdorf bei Stuttgart, www.andreas-malessa.de

Wenn ich das gewusst hätte …

Wenn ein Kind geboren wird, sich entwickelt und all das Gute und Schöne, das Gott in diesem neuen Menschen angelegt hat, zum Vorschein kommt, ist das immer ein Wunder – ein wunderbares Wunder geradezu. Erst recht, wenn direkt nach der Geburt festgestellt wird, dass der frische Erdenbewohner mit diversen Fehlbildungen zur Welt gekommen ist und sein Überleben und Entwickeln alles andere als sicher ist. So haben wir es bei der Geburt von Sohn 02 erlebt.

Seitdem spreche ich mit vielen Menschen über die schwierige, für uns emotional kaum fassbare Situation rund um Sohn 02. Es ist unfassbar, wie viele Menschen an uns denken, für uns beten, uns unterstützen und in aller eigenen Hilflosigkeit trotzdem signalisieren wollen: Ihr seid nicht allein. Das tut unglaublich gut. Vor Kurzem sagte in einem solchen Gespräch jemand zu mir: „Wenn ich vor der Geburt meines Kindes gewusst hätte, dass es so krank sein würde und was das dann konkret für Folgen hätte, dann hätte ich, glaube ich, lieber kein Kind bekommen." Da musste ich kurz drüber nachdenken …

Wenn ich vorher gewusst hätte, wie chronisch krank und dadurch behindert Sohn 02 werden würde … Wenn ich gewusst hätte, wie viel Mist, Schmerzen, Zwang und Angst er erleben und durchleiden muss … Wenn ich gewusst hätte, wie körperlich weh es einem tun kann, wenn das eigene Kind völlig unschuldig und unverdient leidet … Wenn ich vorher gewusst hätte, wie sehr das unser aller Leben bestimmen und prägen wird … Wenn ich gewusst hätte, was das alles kostet an Zeit, Kraft, Geld, wie groß der

Strauß von Stilblüten deutscher Bürokratie werden wird, den wir quasi nebenbei so ansammeln … Wenn ich gewusst hätte, wie überfordernd das für jeden Einzelnen meiner Familie werden würde, ebenso wie für uns zusammen … Wenn ich gewusst hätte, dass Ärzte auch nur Menschen sind, Menschen, die ich in einem Moment bewundere und liebe, weil sie meinem Kind helfen, und Menschen, auf die ich manchmal Sekunden später zutiefst wütend bin wegen ihrer Kommunikationsunfähigkeit und ihren Beschränkungen in Diagnose und Therapie … Wenn ich gewusst hätte, dass meine Kraft, meine emotionale Belastbarkeit, mein Vertrauen in Gott, meine Ehe, mein Bild von mir als Vater, Ehemann, Glaubender und Mensch so stark gefordert werden würden, wie noch nie – oft über die Grenzen des bisher Vorstellbaren, manchmal über die Grenzen des eigentlich Möglichen hinaus …

Wenn ich vorher gewusst hätte, dass wir völlig unvorbereitet, im Nebel nach einem sicheren Grund stochernd, Entscheidungen treffen sollen, eigentlich müssen, uns dagegen sträuben und irgendwie doch auch wollen, die über Leben und Tod befinden … Wenn ich vorher gewusst hätte, dass ich irgendwann noch nicht einmal mehr weiß, für was ich konkret beten soll. Und Gott dieses Kind nur noch hinhalten und bitten kann: Mach es gut mit ihm – und lass uns nicht irrewerden daran … Wenn ich all das vorher gewusst hätte …

dann …
hätte ich im Ethikunterricht in der evangelischen Hochschule Tabor wohl (noch) besser aufgepasst, als es um Sterbehilfe und ähnliches ging. Gebracht hätte das zwar wahrscheinlich auch wenig, denn die theoretische Beschäftigung mit einem solchen Thema ist halt noch nicht mal das Abziehbild des Hauchs eines Dunstes einer Ahnung von dem, was es „in echt“ und wirklich bedeutet, wenn man es selbst durchlebt.

… hätte ich gehörig Angst gehabt, dann aber in typischer Selbstüberschätzung gedacht: „Das packen wir schon“ und wäre zur Tagesordnung übergegangen.

… hätte ich es wohl einfach nicht geglaubt – noch nicht einmal mir selbst.

Ist das nicht aber auch egal?

Doch ich habe das alles vorher nicht gewusst. Ich weiß auch nicht, wie alles weitergehen und welche Herausforderungen es weiter mit sich bringen wird. Ich kann nicht sagen, wie das Urteil von Sohn 02 zu der Frage ausfallen würde, ob er selbst lieber nicht geboren worden wäre, wenn …

Aber ich kann für mich mehr als deutlich sagen: Egal, wie (über-) anstrengend das alles sein mag. Egal, wie viel es mich persönlich kostet, diesen kleinen Mann durch sein bisher sehr unfreundliches Leben zu begleiten. Ich liebe diesen Minikerl. Und dieser Liebe ist es – immer wieder zu meinem eigenen Erstaunen – egal, wie hoch die Kosten sind. Sie freut sich am anderen und konserviert die schönen Momente und wunderbaren gemeinsamen Erlebnisse.

Wenn ich das alles vorher gewusst hätte! Ich wollte die Momente trotzdem nicht missen, wenn ich nach einem langen Tag nach Hause komme und Sohn 02 vor Freude nicht weiß, wohin mit sich, weswegen er gleichzeitig grinst wie ein Honigkuchenpferd, mit beiden Händen winkt und wild den Kopf schüttelt. Ich wollte die Momente nicht missen, zu erleben, wie sehr sich die beiden Brüder lieben. Wie sie es beide genießen, wenn wir als Familie zusammen sind und einfach Zeit haben. Ich möchte nicht verpasst haben zu erleben, wie sich Sohn 02 an mich kuschelt, wenn ich ihn auf den Arm nehme, weil er sich erschrocken, der Pflegedienst ihn geärgert oder der Arzt mal wieder erfolglos versucht hat, Blut abzunehmen. Oder wie Sohn 02 auf seine Weise und in seinem Rahmen die Welt entdeckt und freudig-stolz ist, wenn ihm etwas Neues gelingt …

Verrückt, oder?!

Das ist irgendwie verrückt. Ich weiß, was uns das alles bisher schon gekostet hat und kann nur erahnen, was es uns noch abverlangen wird. Rein vernünftig betrachtet … Aber der Liebe ist das ziemlich wurscht. Die freut sich lieber über alles Schöne, das da ist und ist gespannt, was wir noch zusammen erleben werden. Wie wir uns immer besser kennenlernen und unsere Beziehung (aus-)bauen können. Wie wir das Geschenk des anderen immer mehr als solches annehmen und feiern.

So sehr es aktuell vielleicht eher nach mieser Prognose und begrenzter Lebenszeit aussieht – die Liebe hat noch viel vor. Was für ein Wunder!

Ich freue mich darauf.

Heiko Metz, Theologe, Jahrgang 1978, Marburg

Gesegnet um zu segnen

Ich saß am Bett meines Mannes. Seine unruhig suchenden Hände lagen in meinen und so versuchte ich, ihm Halt und Orientierung, Sicherheit und Kraft zu schenken. Meine Gehhilfe lehnte am Fußende seines Bettes und wir befanden uns auf einer Intensivstation.

Vorangegangen waren nervenaufreibende Monate, die vielen Symptome und Beschwerden meines Mannes einer Diagnose zuzuordnen, aber auch die psychische Herausforderung, die so ein Prozess mit sich bringt. Die Diagnose eines Nierenzellkarzinoms wurde gestellt, und voller Entsetzen blieb uns erst mal die Luft weg.

Mein Mann war noch niemals zuvor ernstlich krank gewesen und kannte Operationen nur vom Hörensagen. Wie oft hatte er hilflos an *meinem* Krankenbett gesessen, und nun lag er hier. Ich nahm seine ängstlichen Augen und Hilflosigkeit wahr, überall piepende Monitore und Personal, das hektisch um seinen kritischen Gesundheitszustand bemüht war.

„Du darfst nicht gehen! Du kannst mich nicht allein lassen!" So flüsterte er mit schwacher Stimme, und ängstliche Verzweiflung lag in seinem Blick, wenn ich nach Hause fahren wollte. Meine kleinen Hände umschlossen seine und meine Worte an ihn waren folgende: „Gottes schützende Hände umgeben uns, er hält uns beide in seinen liebenden Händen." Dieses Bild hatte ich in meinem Herzen, und es trug uns sicher durch diese schwere Zeit.

Es folgten ungeahnte Komplikationen und vier Notoperationen, die uns wieder und wieder, gleich einem entsetzlichen Albtraum, kaum noch klar denken, geschweige denn Zeit zum

Luftholen ließen. Nachts lag das Telefon neben meinem Bett, und an Schlaf war in dieser belastenden Zeit kaum zu denken.

Denn auch ich wusste nicht, wo ich all die Kraft hätte hernehmen sollen, um dieser extremen Herausforderung gewachsen zu sein. Menschlich gesehen schien es kaum machbar.

Wenn jemand mich anschaute, sah er eine Frau, die sich aufgrund einer Lähmung des linken Beines nur mühsam mit einer Gehhilfe fortbewegte und den linken Arm nur eingeschränkt bewegen konnte. Auch mein linkes Auge sah etwas seltsam aus, da erst wenige Monate zuvor ein Augenhöhlentumor operativ entfernt worden war und meine Sehkraft am linken Auge bei weniger als zehn Prozent lag. Weit vom Normalzustand entfernt und augenscheinlich wohl keine Erscheinung, um für mein Gegenüber Hilfe oder Ermutigung sein zu können.

Wie ich in dieser Zeit allen Herausforderungen begegnen konnte und – trotz meiner offensichtlichen körperlichen Schwäche – für meinen Mann da sein durfte, ihm Mut zusprechen und Stärke vermitteln konnte, ist menschlich gesehen kaum zu erklären. Doch auch ich selbst wurde durch andere ermutigt und bekam Kraft und Stärke zugesprochen.

Bei Gott sind alle Dinge möglich! Häufig wusste ich am Morgen nicht, wie ich den Tag, geschweige denn den Besuch im Krankenhaus bei meinem schwerkranken Mann kräftemäßig überhaupt meistern sollte. Und dennoch gab Gott mir die nötige Kraft und *seine* Möglichkeiten, um für meinen Mann da zu sein.

Andere standen mir bei durch Ermutigungen, Gebete und auch mal durch eine Mahlzeit, die überraschend vor meiner Tür stand. Eingekauft wurde regelmäßig von meiner jüngsten Schwester. Da sie selbst gesundheitliche Probleme hat, war das nicht selbstverständlich, doch sie konnte mir auch dankenswerterweise als kurzfristige Fahrgelegenheit des Öfteren hilfreich zur Seite stehen. Ebenso meine Zwillingsschwester, die auch helfend einsprang, wenn Not am Mann war.

Ein Bild steht mir noch besonders vor Augen: Mit meiner kleinen Schwester hatte ich eine Uhrzeit ausgemacht, wann sie mich vom Krankenhaus abholen sollte, und an diesem Tag war ich unendlich erschöpft und am Ende meiner Kräfte. Die langen Krankenhausflure schienen kein Ende zu nehmen, und der Ausgang war gefühlt noch Meilen entfernt. Von Ferne sah ich eine Gestalt und dachte noch: Irgendwie kommt sie mir bekannt vor … Es war meine Schwester! Da sie sich Sorgen gemacht hatte und ahnte, wie es mir ging, wollte sie mich abholen und zum Ausgang begleiten – ein Segen!

Morgens lag schon die Tageszeitung vor meiner Tür und am Nachmittag die Post, denn auch unsere Hausgemeinschaft fragte und schaute, was mir an Wegen und Belastungen abgenommen werden konnte. Selbst Müll rausbringen und Hilfe jedweder Art wurde angeboten. Dankbar und staunend durfte ich auch da erkennen: Gott versorgt!

„Ich will dich segnen und du sollst ein Segen sein" (1. Mose 12,2). Das durfte ich sehen und erleben. Gott machte mich zum Segen für meinen Mann. Gleichzeitig stärkte mich diese Erfahrung seiner Fürsorge und des Getragenseins in einer Weise, die mich in tiefster Seele berührt hat und auch heute noch staunen lässt.

Dieses Bild in meinem Herzen und die Gewissheit seiner schützenden Hände, die meinen Mann und mich liebevoll umgaben, hat mich getragen und geführt, getröstet und gestärkt, jeden neuen Tag. Gesegnet, um zu segnen, mit und durch Gottes Liebe!

Dorothee Kowalke, Frührentnerin, Jahrgang 1967, Wenden

Leid und Sinn

Als ich noch als Psychotherapeutin praktiziert habe, suchte einmal eine junge Frau Hilfe bei mir mit den alarmierenden Worten: „Mich will doch keiner mehr! Ich bringe mich um!“ Was war passiert? Ihr Gesicht war nach einem schweren Auffahrunfall, bei dem sie mit voller Wucht gegen die Windschutzscheibe ihres Autos geprallt war, zerschnitten und entstellt. Mehrere Operationen und Hauttransplantationen waren wenig erfolgreich verlaufen. Ihr Mann hatte sich daraufhin von ihr getrennt.

Welch ein Leid! Ich konnte es ihr gut nachfühlen, doch Mitleid wäre das Letzte gewesen, das ihr genützt hätte. So haben wir geistig miteinander gerungen. Gerungen um eine Versöhnung mit dem Unabänderlichen, um eine neue Einstellung, um eine Sichtweise, die es ihr erlauben würde, zu sich und zu ihrem Leben (trotzdem) Ja zu sagen. Dabei war ich vorsichtig und zurückhaltend. Man darf nicht mit plumpen Tröstungen kommen, wenn man selbst keine analoge Leidbewältigung vorzuweisen hat. Die Achtung vor dem leidenden Menschen gebietet es, eher wenig als zu viel zu reden.

Doch irgendwann erschien ein erstes, zartes Lächeln auf dem gemarterten Gesicht der jungen Frau. Es war der Beginn einer aufkeimenden Zuversicht, und es geschah, nachdem ich ihr folgende Überlegung angeboten hatte: „Mit diesem Schicksalsschlag, dem Verlust der Schönheit Ihres Gesichts, haben Sie zugegebenermaßen viel verloren. Aber Sie haben ein präzises ‚Messgerät‘ erworben. Wann immer Sie jemanden kennenlernen, können Sie ihn mühelos ‚testen‘, ob er die menschliche Qualität besitzt, ein echter Freund zu sein, oder ob er an unwichtigen Dingen und Äußerlichkeiten hängt und klebt. Sie haben gleichsam einen ‚Geigerzähler' in der Hand, mit dem Sie wertvolles Metall suchen können, nur dass es sich in Ihrem Fall um charakterstarke Menschen handelt, die Sie orten können. Ihr Mann zum Beispiel hat diesen Test nicht bestanden. Nicht *Ihre äußeren Mängel* waren daran schuld, sondern *seine inneren Mängel*, die Sie ohne Ihr Handikap vielleicht erst sehr viel später erkannt hätten. Wenn Sie nun wieder einen lieben Freund suchen und etwas länger warten müssen, um einen zu finden, dann deshalb, weil Sie Ihre Zeit nicht mit flüchtigen Bekanntschaften verschwenden müssen, wie es andere Frauen oft tun, die kein Instrument besitzen, das ihnen anzeigt, ob sie *um ihrer selbst willen* geliebt werden oder nicht. Sie hingegen haben die Möglichkeit, dies schnell festzustellen. Denn wer Sie wahrhaftig und aufrichtig mag, der wird sich nicht an Äußerlichkeiten stoßen, im Gegenteil: Er wird Sie wegen Ihrer Tapferkeit bewundern und wegen Ihres Leides umso inniger behüten und beschützen. Wer Sie hingegen wegen Ihrer Narben meidet, der hätte sich sowieso nicht für eine Gefährtenschaft geeignet. Geben Sie den Glauben an eine innige Beziehung nicht auf! Gütige und wertvolle Menschen gibt es eben wenige. Aber es gäbe auch nicht mehr, wenn Sie die Schönheit einer Filmdiva hätten; nur würden Sie sie dann kaum unter Ihren Mitmenschen erkennen. Durch Ihren Unfall haben Sie die Gabe erhalten, ‚die Spreu vom Weizen zu trennen', und das kann unter Umständen vorteilhafter sein als die makellosesten Gesichtszüge, die doch in ein paar Jahrzehnten verwelken."

Das Lächeln, das bei diesen Worten über die entstellten Züge meiner Patientin huschte, war der Startschuss für einen neuen Lebensmut. Es dauerte nicht lange, und sie unternahm wieder Ausflüge und bewegte sich ungezwungen in Gesellschaft anderer jungen Leute, die sie – zu ihrer und meiner Überraschung – fast ausnahmslos herzlich und unkompliziert in ihrer Gemeinschaft aufnahmen – ganz so wie sie war. Mit dieser Erfahrung wuchsen ihr Selbstbewusstsein und ihr Lebensmut.

Die obige Geschichte habe ich bei einem meiner Vorträge auf einem Kongress erzählt. Danach kam eine unförmig dicke Frau auf mich zu und bedankte sich überschwänglich bei mir. Sie sagte, sie leide an einer Drüsenerkrankung und könne ihr Gewicht nicht kontrollieren. Sie habe deswegen die grässlichsten Minderwertigkeitsgefühle. Doch ab sofort werde sie diese abstellen und ihren Körperumfang als „Testinstrument" betrachten, das sie befähige, ihre Mitmenschen besser einzuschätzen. Wer sie *wegen* ihres Übergewichts ablehne, der dürfe sie ruhig verlassen. Der fehle ihr nicht. Wer sich ihr jedoch *trotz* ihres Übergewichts freundschaftlich zuwende, der habe sie wirklich gern. Auf den könne sie bauen. Dieser Gedanke helfe ihr ungemein …

Meine Erfahrung ist, dass sich viele Menschen unnötige Selbstwertprobleme machen, nur weil sie einem Schönheitsideal nicht entsprechen. Frauen leiden jahrzehntelang an einem zu kleinen Busen, an dünnen Haaren, an kurzen Beinen, an einer krummen Nase usw. Männer leiden jahrzehntelang an einer kleinen Statur, an einer „Hühnerbrust", an schlaffen Armmuskeln, an einer frühen Glatze usw. Dabei kommt es im Leben auf solche Attribute wenig an. Man liebt das Wesen einer Person, ihre positiven Eigenschaften, ihr sonniges Gemüt, ihre kleinen Eigenheiten und speziellen Talente. Im besten Fall liebt man die Person selbst, erschaut sie mit den „Augen der Seele" in ihrer Einzigartigkeit und Einmaligkeit. Was die physischen Augen dann sehen – ihre Haare, Haut, Figur etc. – tritt zurück. Natürlich ist ein harmonischer Anblick immer erfreulich, und jeder vernünftige Mensch wird alles tun, um sich gepflegt und geschmackvoll zu präsentieren, doch das, worauf es in dauerhaften Beziehungen ankommt, ist auf höherer Stufe angesiedelt.

In diesem Zusammenhang haben es zwei Personengruppen extrem schwer und zwar die bildschönen Frauen und die reichen Männer. Sie werden umschwärmt und begehrt. Aber leider wissen sie nie, ob bei einer Annäherung seitens einer anderen Person *sie* gemeint sind oder ihre hübschen Gesichtszüge bzw. ihre dicken Brieftaschen. Nie können sie sicher sein, dass *sie selbst* geliebt werden; dass das geliebt wird, was *sie sind*, unabhängig von dem, was *sie haben* bzw. *zu bieten haben.* Ähnlich schwer haben es berühmte Leute, weshalb ihr Privatleben häufig von Beziehungskrisen durchgeschüttelt wird. Sie sind nicht zu beneiden.

Ein anderer Aspekt ist, ob man sich selbst gefällt. Narben im Gesicht, wie sie meine Patientin hatte, tun bei jedem Blick in den Spiegel weh. Das ist keine Frage. Auch für Frauen, deren Brüste wegen Krebsbefall amputiert werden mussten, ist der Anblick des nackten Körpers im Spiegel oft schwer zu ertragen. Was da noch helfen kann, ist einzig und allein die tiefe Überzeugung, dass zum Menschsein mehr dazugehört als der körperlich-seelische Organismus, der unser Menschsein ermöglicht. Eigentliches Menschsein zeichnet sich in seiner geistigen Dimensionalität ab, in seiner „Gotteskindschaft", wie man es religiös ausdrücken würde. „Die Eltern geben bei der Zeugung ihre Chromosomen an ihre Kinder weiter – aber sie hauchen ihnen nicht den Geist ein", hat mein einstiger Lehrer Viktor E. Frankl geschrieben. Dank dieser Geistigkeit ist der Mensch in der Lage, mit äußeren und inneren Gegebenheiten auf persönliche Weise umzugehen und sein Leben selbständig zu gestalten. Es wohnt aber auch die Wertefühligkeit, Gläubigkeit und Sehnsucht nach Sinn in ihm, die nichts anderes ist als eine zarte „Rückerinnerung" des Geschöpfs an seinen Schöpfer. Wer ein solches Menschenbild hat, der weiß sich in seinem innersten Kern heil und unzerstörbar, weiß sich „urangenommen". Da fällt dann beides leichter: ein eventuelles Nichtangenommensein seitens irgendwelcher Mitmenschen, wie auch die Selbstannahme trotz irgendwelcher körperlicher Defekte.

Prof. h.c. Dr. Elisabeth Lukas, emeritierte Hochschuldozentin, Jahrgang 1942, Perchtoldsdorf bei Wien

Das Lied vom Zaun

Wir schrieben das Jahr 1982. Die Supermächte standen sich bis an die Zähne bewaffnet gegenüber. Der Kalte Krieg tobte. In aller Munde die Nachrüstungsdebatte, der Nato-Doppelbeschluss. Pershing-II- und SS-20-Raketen wurden aufgestellt.

Ich war damals hauptamtlicher Jugendleiter und wohnte in Hof, im Norden von Bayern, an der Grenze zur DDR. Viele trieb die Sehnsucht nach Frieden damals auf die Straße. Die Ostermärsche waren im Grunde Großdemonstrationen. Der Dekanatsjugendtag 1982 sollte unter dem Motto „Unterwegs zum Frieden“ stehen. Neue Lieder wollten wir singen, gegen diesen Wahnsinn und für unsere große Hoffnung.

Wenige Tage zuvor stand ich mit Kindern meiner Jugendgruppe am Schlagbaum an der Alten Ölsnitzer Straße, kurz hinter Kirchgattendorf, nur wenige Meter vom Minenfeld, von Selbstschussanlagen und vom Zaun entfernt. Die neunjährige Susanne zeigte nach drüben und sagte: „Dort drüben wohnt meine Cousine. Mit der darf ich erst spielen, wenn sie fünfundsechzig ist. Und dann mag ich nicht mehr mit ihr spielen.“

Das traf mich ins Herz. Welches Lied können wir in Anbetracht dieser Situation singen? Wir, die wir in Albträumen Raketen über uns hinwegfliegen sehen; wir, die wir uns immer wieder durch den Zaun, den Stacheldraht zu getrennten Verwandten und Freunden hinübersehnen? Ich setzte mich an meinen Schreibtisch und brachte ein Lied zu Papier, das all die Bilder enthielt, die ich so klar und deutlich vor mir sah:

Das Lied vom Zaun

Ich war zum ersten Mal am Zaun,
wollt' mit eigenen Augen schaun.
Ich war zum ersten Mal am Zaun –
jetzt träumen, hoffen, Friedensschlösser baun.

Will einen Weihnachtsbaum ins Minenfeld pflanzen,
will am Schlagbaum Volkstänze tanzen.
Von Gattendorf rüber nach Ölsnitz fahren,
wie es mal möglich war vor Jahren,
und dem Gegenverkehr mit der Lichthupe blinken,
jedem Auto vor Freude wie wild zuwinken.

Am Dreiländereck will ich Wasserräder baun,
möchte ungesiebt rüber nach Rossbach schaun.
Will von Wachturm zu Wachturm Girlanden winden,
und wo Minen waren, Champignons finden.
Die Grenzpfähle mit lustigen Hütchen schmücken
und in Mödlareuth an der Mauer Blumen pflücken.

Ich will aus Stacheldraht Kränze flechten,
will mit dem Wachsoldat eine Nacht durchzechen.
Einen Wachturm dann als Kanzel verwenden
und es hinausschreien an Ecken und Enden:
Wir wolln diesen Zaun aus den Angeln heben,
um endlich als ein Volk zusammenzuleben.

Wir sangen das Lied dann in der Hofer Michaeliskirche – Jugendliche, die nie etwas anderes kannten als den Zaun hinter der Haustür, und Erwachsene, die von ihren Eltern hörten, wie es damals war, als man noch ohne Visum nach Plauen fahren konnte. Manche haben geweint. Andere fanden es peinlich, dass von „einem Volk" die Rede war. Das Lied geriet in Vergessenheit.

1989 riefen die Menschen bei den Montagsdemos in der DDR: „Wir sind das Volk!“ Und im November sah ich dann die Bilder des Liedes Wirklichkeit werden. Ich saß vor dem Fernseher und beobachtete aufgeregt, wie die Trabbis anrückten, wie die Schlagbäume hochgingen und die Lichthupen blinkten.

„Genau das hab ich gesehen!“, rief ich meiner Frau zu.

Bei den Montagsdemos in Leipzig konnte man die Menge „Wir sind ein Volk!“ rufen hören. Und ich sah auch die letzte Zeile meines Liedes Realität werden. Leider habe ich damals nie mit einem Wachsoldat eine Nacht durchgezecht, aber wie so viele war ich trunken vor Freude. In den oberfränkischen Kirchen beteten wir in Dankgottesdiensten den 126. Psalm:

„Wenn der Herr die Gefangenen Zions erlösen wird, so werden wir sein wie die Träumenden. Dann wird unser Mund voll Lachens und unsre Zunge voll Rühmens sein. Dann wird man sagen unter den Heiden: Der Herr hat Großes an ihnen getan!“

Mir ist das alles noch sehr nah und doch ist es bald zwanzig Jahre her. Susanne hat mittlerweile mit ihrer Cousine gespielt oder sie waren als Teenager in der Plauener Disco. Nach Ölsnitz ist es jetzt keine Weltreise mehr, sondern ein Katzensprung. Die Blumen in Mödlareuth habe ich gepflückt – dort, wo einst die Mauer das Dorf teilte. Das habe ich mir nicht nehmen lassen. Genauso wenig wie das Träumen und das Hoffen und das Glauben und das Singen. Gegen alle Vernunft oder gerade ihr folgend.

Horst Bracks, Pfarrer, Jahrgang 1965 , Heilsbronn

Ein Überfall in der Sandgrube

Angefangen hat alles in einer kleinen Sandgrube. Wir waren neu im Dorf. Scheidung, neuer Vater, und nun der Umzug in dieses 150-Seelen-Dorf am Ende der Welt, in dem alle Plattdeutsch sprachen. Ich war sieben und schüchtern.

Immerhin gab es da diese Sandgrube bei dem kleinen Waldstück hinter unserem Haus, die ich bei einem meiner ersten zaghaften Spaziergänge entdeckt hatte. Ich liebte es, darin zu spielen. Ich saß im Sand und widmete mich meinem Spiel. Ich baute einen Zoo. In einem Weckglas hatte ich Tiere gesammelt: einige Marienkäfer, zwei Regenwürmer, einen Tausendfüßler, einen kleinen Frosch, einen dicken schwarzen Mistkäfer, drei Raupen, einen Ohrenkneifer – den hatte ich im Hausflur aufgelesen und von meiner Mutter ein dickes Lob bekommen – und einige Ameisen. Sie alle krabbelten im Glas munter durcheinander. Ab und zu klopfte ich auf den Deckel, damit die Ameisen, die die Wände hochkletterten, nicht durch die Luftlöcher entkommen konnten, sondern wieder zurück auf den Boden fielen. Für jede Tierart grub ich ein eigenes Gehege in den Sand. Das für den Frosch war besonders tief und hatte einen kleinen See, den ich mit Plastikfolie ausgelegt und mit Wasser gefüllt hatte. Der Mistkäfer bekam eine Höhle. Für die Raupen baute ich eine Hütte aus Ästen und Blättern.

Ich war so versunken in meine Arbeit, dass ich die Schritte auf dem Trampelpfad überhörte, der aus dem Wald zur Sandgrube führte. Eine Art Indianergeheul setze ein. „Da ist der Neue! Los, auf ihn!“ Sand spritzte in mein Gesicht. Ich war völlig überrumpelt, wurde umgestoßen, und ein fetter Kerl, sicher neun oder zehn, setzte sich auf mich. Er drückte seine Knie auf meine

Arme. „Hey, was soll das?“ schrie ich den Dicken an. „Was das soll? Du wirst gleich sehen, was das soll!“ zischte er und drückte sein ganzes Gewicht auf meine Arme. Ich heulte auf. „Das ist unsere Sandgrube“, meldete sich eine zweite Stimme und bellte mich an: „Was hast du hier verloren?“ „Aber ich …“ Ich konnte nicht weiterreden, der zweite Angreifer schob mir eine Handvoll Sand in den Mund. Ich spukte und prustete. Doch schon folgte die nächste Fuhre Sand.

„Du meinst, dass man sich als Neuer alles erlauben kann? Nicht mit uns, Freundchen, nicht mit uns. Ist das klar?“

Und wieder rieb er mir Sand in den Mund, während der andere mich festhielt. „Holger, das ist genug“, sagte der erste Angreifer jetzt. „Was, schon genug?“ Holger schien enttäuscht. „Ich weiß was Besseres. Schau mal da.“ Ohne loszulassen, zeigte er mit dem Kinn auf das Glas. „Na, Sandfresser, was willst du zuerst? Einen Regenwurm oder eine Raupe?“ Er lachte schallend los, Holger lachte mit.

Ich begann zu zappeln und versuchte, mich zu befreien. Doch der Angreifer hockte schwer auf mir und ich wurde ihn nicht los. In meiner Verzweiflung spuckte ich ihn an. Oder vielmehr: Ich versuchte es. Aber mein Mund war noch voller Sand und der Brei aus Spucke und Sand fiel zurück in mein eigenes Gesicht. Holger und sein Kumpel bogen sich vor Lachen.

„Der sabbert ja, der Kleine, wie niedlich.“

„Nein, dem läuft das Wasser im Munde zusammen.“ Holger gluckste vor Vergnügen über seinen Witz. Er nahm jetzt das Glas, schraubte es auf und fingerte nach einem Regenwurm. „Sieht lecker aus, was, Sandfresser?“

Er schwenkte den Regenwurm über mein Gesicht. Der ringelte sich nervös hin und her, zog sich zusammen und dehnte sich wieder, ihm schien kaum weniger unbehaglich zumute zu sein als mir. Ich nahm noch einmal alle Kraft zusammen und warf mich hin und her. „Lass mich los! Was soll das denn?“

Doch ich kam nicht frei. Der Dicke hielt mich noch fester und rammte mir eine Faust in die Seite. Holger griff nach meinem Kinn. Mit der anderen Hand schwenkte er den Regenwurm.

„Lecker, lecker, lecker! Wo du herkommst, ist es da nicht wie in China, wo man gerne Regenwürmer isst?“

Ich war erschöpft. Die Hand, die mein Kinn hielt, war zu stark. Tränen liefen mir über die Wangen. Ich schloss die Augen und erwartete angewidert den Wurm.

Plötzlich knallte etwas. „Au!“, heulte Holger neben Hannes auf. Eine Hagebutte hatte ihn am Kopf getroffen, Samenkerne und Saft klebten an seiner Stirn. Schon kam die nächste geflogen. Und noch eine. Vor Schreck lockerte der Dicke seinen Griff. Ich reagierte sofort. Ich warf ihn ab und stürzte mich auf ihn mit einer Hand voll Sand, die ich dem überraschten Typen ins Gesicht klatschte. Im selben Moment stürzte sich jemand auf Holger. Nach einem kurzen Handgemenge saß ich auf dem Dicken, der Unbekannte auf Holger. „Spinnt ihr eigentlich, oder was? Er hat euch doch gar nichts getan“, brüllte mein unerwarteter Retter jetzt und stieß Holger sein Knie so fest in die Seite, dass der aufstöhnte.

„Haut bloß ab!“, knurrte er sauer und rutschte zur Seite. Ich ließ den Dicken ebenfalls frei, und die beiden rannten durch den kleinen Trampelpfad davon. Ich sah ihnen nach, dann sah ich meinen Retter an. Ein dunkelhaariger Junge, dessen Gesicht mit Sommersprossen übersät war, etwas älter als ich. Er grinste mich an.

„Ich bin Martin“, sagte er und streckte mir seine Hand entgegen, „hab ich gerne gemacht, ich kann die beiden sowieso nicht leiden.“

So begann unsere Freundschaft. Bald waren wir unzertrennlich. Wir übten Flugkopfbälle auf der Dorfwiese, machten Fahrradtouren. Im Sommer fischten wir Forellen in den kleinen Teichen rund ums Dorf, im Winter fuhren wir auf der Waldpiste unsere Schlitten kaputt. Wir rauchten heimlich gemeinsam die erste Zigarette. Wenn wir mal wieder etwas ausgefressen hatten, warnten unsere Eltern uns gegenseitig vor dem schlechten Umgang. Recht hatten beide.

Eine Freundschaft in Nordfriesland mit einer gewissen Tom Sawyer Romantik. Nur, dass ich sie wirklich erlebt habe. Als junge Erwachsene trennten sich unsere Wege durch Ausbildung und Studium. Bei einem Wiedersehen nach Jahren merkten wir beide mit etwas Wehmut, dass der Zauber verflogen war. Alles hat seine Zeit. Unsere Leben passten nicht mehr zusammen. Martin war ein Einsiedler geworden, ich ein Großstadtmensch.

In diesem Jahr werde ich 56. Fast ein halbes Jahrhundert ist seit dem Überfall in der Sandgrube vergangen. Wenn ich heute zurückblicke, merke ich, dass ich ihr eine Grunderfahrung verdanke: Da war ein Freund, der mich gerettet hat. Jemand, den ich zunächst nicht kannte, und der trotzdem für mich gekämpft hat. Einer, der sich auf die Seite des Schwachen und Unterlegenen gestellt hat. Ein Wunder, irgendwie.

Und so ist es kein Wunder, dass sich diese Erfahrung sogar in meinem Glaubensleben spiegelt. Bei mir ging ab der Pubertät und als junger Erwachsener vieles schief, ich wurde suchtkrank. Dann fand ich zum Glauben. Ich erlebte, wie Jesus mich gegen die Übermacht von Alkohol und Spielhallen in Schutz nahm. Er hat mich rausgehauen und freigemacht. Jesus ist mein Freund geworden.

Uwe Heimowski, Pastor, Jahrgang 1964, Gera

Das Geschenk

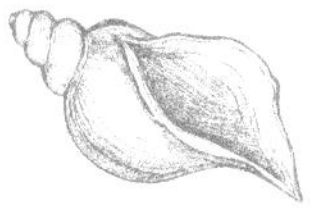

Liebe Anna,
wir haben uns lange nicht gesehen. 38 Jahre ist es her – und ich frage mich, wie es dir seitdem ergangen ist.

Weißt du noch, damals in der 1. und 2. Klasse, da waren wir Freundinnen. Wir, zwei schüchterne 7-Jährige, die gern Latzhosen trugen und im Unterricht miteinander flüsterten. Ich erinnere mich noch gut an deine roten Wangen, dein Lächeln, deinen inneren Frieden.

Du wusstest es nicht, aber mein Leben damals war schwierig. Inneren Frieden kannte ich nicht. Ich wohnte bei meiner Mutter, aber ein richtiges Zuhause hatte ich nicht. „Sicherheit" und „Geborgenheit" waren Worte, die ich hörte, aber nicht verstand. Es war eine dunkle Zeit.

Schon im Kindergarten hatte ich mich sehr auf die Schule gefreut. „Schule" hieß für mich „groß werden" – und das wollte ich! So einfach, wie ich es mir vorgestellt hatte, war es dann aber doch nicht. Die Tage vergingen auch in der Schule nicht schneller als zu Hause, das Lernen war anstrengend und alles war mir zu laut, zu schnell, zu viel.

Umso mehr freute ich mich, dass du da warst. Wir verbrachten gern Zeit zusammen – und eines Tages hattest du Geburtstag. Viele deiner Freunde waren eingeladen, auch ich. Ich hatte schon gehört, was man sich so schenkte: Puppen mit Klappaugen, Rollschuhe mit richtigen Stiefeln dran und sogar kleine Kassettenrekorder! So teure Sachen! Ich staunte nicht schlecht.

Über deine Einladung freute ich mich, aber ich hatte auch Angst. Würde meine Mutter überhaupt erlauben, dass ich komme? Und wenn nicht, wäre ich dann noch deine Freundin? Und was sollte ich dir schenken, ich hatte nicht viel! Von meiner Mutter bekam ich Taschengeld, 5 Mark im Monat. In dem Monat hatte ich aber nur noch 1,50 übrig … Was sollte ich nur machen?

Nach der Schule schlich ich nach Hause. Meine Mutter saß in der Küche und las Zeitung. Meine Hände zitterten. Ich wollte dir so gern etwas schenken, etwas „richtiges", wie die anderen Kinder! Ich holte tief Luft.

„Ute?" Ich räusperte mich. „Mama" nennen durfte ich meine Mutter nicht. Sie seufzte und schaute hinter der Zeitung hervor. „Ich bin zum Geburtstag eingeladen, bei der Anna. Kannst du mir ein bisschen Geld geben, damit ich ihr was kaufen kann?" Ich hielt den Atem an.

Meine Mutter sah mich nicht an. „Dafür hast du doch Taschengeld!"

„Ich… Ich hab nur noch 1,50…", murmelte ich.

„Dann hättest du halt was sparen müssen! Von mir kriegst du jedenfalls nix!"

„Aber", flehte ich, „die Mütter von den andern Kindern, die kaufen denen die Geschenke!" Mein Bauch tat weh. „Bitte!"

„Tja, ich bin aber nicht andere Mütter! Du hast dein Taschengeld, basta!" Ihre Hand knallte auf den Tisch. Was sollte ich denn bloß für 1,50 Mark kaufen? Sollte ich Anna sagen, dass ich nicht kommen durfte? Jemanden um Geld bitten? Aber wen? Mir fiel niemand ein.

Am Tag danach, zwei Tage vor deinem Geburtstag, ging ich in die Stadt. Ich lief an den Schaufenstern vorbei, die mit prall gefüllten Federmäppchen, Skateboards und Monchichis dekoriert waren. Als mir bewusst wurde, dass ich nichts davon würde kaufen können, ging ich nach Hause. Auf dem Weg kam ich an einem Krämerladen vorbei. Ich beschloss, mich darin umzusehen. Ich musste doch irgendwas Schönes für dich finden! Dann entdeckte ich sie: eine große Schachtel mit Aufklebern, ganz hinten in der Ecke. Je drei Blatt in Folie verpackt, Autos, Herzen, Tiere. *„Da! Blumen! Rosa, gelbe und orange Blumen! Die gefallen Anna bestimmt!“* Ich griff zu. Nur 1,10! Sogar für ein Stück Geschenkpapier reichte mein Geld.

Zu Hause packte ich die Aufkleber ein. Ich war erleichtert – zumindest würde ich nicht mit leeren Händen dastehen! Und doch machte sich Angst in mir breit. *Was, wenn ihr mein Geschenk nicht gefällt? Oder wenn sich jemand darüber lustig macht? Es sind ja nur Aufkleber!* Ich rieb mir den Bauch.

Als ich am nächsten Tag vor deiner Tür stand, war ich nervös. Wann sollte ich dir mein Geschenk geben? Und wie? Ich klingelte. Als du die Tür öffnetest, brachte ich nicht mehr als „Hallo“ und „Alles Gute zum Geburtstag“ heraus. Die Aufkleber hielt ich hinter meinem Rücken versteckt.

Nach und nach trudelten die Gäste ein. Dann schlug deine Mutter vor, die Geschenke auszupacken. Ich riss die Augen auf. *Vor allen? Jetzt?* Wir stellten in einem kleinen Kreis Stühle auf und setzten uns. „Das ist von mir!“, rief Melli und gab dir das erste Geschenk. „Meine Mama hat's gekauft!“ Ich weiß noch, wie du das Papier aufgerissen hast. „Es ist ein Federmäppchen!“, rief Melli. Ich schluckte. *Genauso eins wie die im Schaufenster…* Dann nickte mir deine Mutter aufmunternd zu: „Na, Ellie, willst du?“

Ich blickte zu Boden und schüttelte den Kopf. „Ich geb's dir lieber später, Anna, ok?“

Als alle Geschenke ausgepackt waren und auf dem kleinen Beistelltisch neben dir ihren Platz gefunden hatten, rief uns deine Mutter zu: „Es gibt Kuchen! Wer will?“

Alle stürmten auf den gedeckten Tisch zu. Außer ich – und du.

„Anna?“, flüsterte ich. „Ich hab noch was für dich. Ich hab mich nicht getraut, dir das vorhin zu geben.“ Ich holte das Geschenk hinter meinem Rücken hervor. Klein, flach und unscheinbar schien es über meiner Hand zu schweben, neben den anderen Geschenken, die sich auf dem Beistelltisch türmten. Sogar ein Schulranzen war darunter. Einer dieser viereckigen, die nicht umfielen, wenn man sie hinstellte und den Deckel aufklappte.

„Danke!", sagtest du lächelnd.

Ich senkte den Blick. „Ich … Ich hätte dir gern was anderes geschenkt, aber ich hatte kein Geld." Ich schluckte, meine Wangen brannten. „Ich hoffe, sie gefallen dir trotzdem "

Vorsichtig schielte ich zu dir hinüber – und sah in ein Gesicht, das vor Freude strahlte.

„Oh, sind die schön! Die kann ich für mein Poesiealbum benutzen! Die gefallen mir sehr, danke!!!" Ich konnte es nicht fassen. Mit einem Mal fiel die Last der vergangenen Tage von mir ab und in mir breitete sich ein warmer Frieden aus.

Dieses Erlebnis ist der Grund, warum ich dir heute schreibe, Anna. Ich möchte, dass du weißt: Nicht nur ich habe dir zu deinem Geburtstag etwas geschenkt, sondern du auch mir. Etwas, von dem ich bis heute zehre, wenn es in meinem Leben dunkel wird. Etwas, für das ich auf ewig dankbar bin. Weißt du, in schweren Zeiten hat mir mein Glaube oft geholfen. Besonders Bibelstellen, die mit Licht zu tun haben, schenken mir immer wieder Kraft und Hoffnung. Eine erinnert mich immer an dich: „Herr, du machst die Finsternis um mich hell, du gibst mir strahlendes Licht." (Ps. 18,29)

Wie du dich damals an deinem Geburtstag über mein Geschenk gefreut, wie du mich angenommen und mir die Last damit abgenommen hast – das ist ein Licht, das bis heute mitten in meine Dunkelheit hineinstrahlt. Du warst, bist und bleibst ein ganz besonderes Geschenk für mich! Von ganzem Herzen: Danke!

Deine Ellie

Ellie Hanson, Hausfrau, Jahrgang 1975, Bayern

Freude verstehen – auch wenn das Leben nicht so läuft

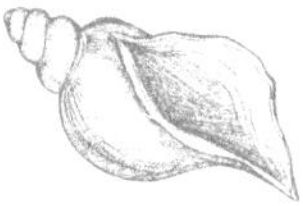

Die Frage *„Können Sie mich verstehen?“* stelle ich seit acht Jahren sehr häufig. Mal bin ich dabei freundlich und ehrlich, mal genervt und wütend. Vor allem bei notwendigen Telefonaten mit öffentlichen Stellen wie Behörden, Ämtern, Arztpraxen etc. ist es für mich echt ein Problem, verstanden zu werden.

Wenn ich unbekannten Menschen gegenüberstehe und anfange zu sprechen, kommt diese Frage allerdings nicht so häufig; die Reaktionen sind dann eher witzig – die Augen werden vor Erstaunen größer, der Mund steht oft offen, Stirnrunzeln …

Den Menschen, die ich anspreche, steht eine auf den ersten Blick völlig normal aussehende Frau gegenüber, Mitte 40, klares Auftreten, vielleicht etwas zu bunt gekleidet, meistens mit drei Töchtern – wie Orgelpfeifen – im Schlepptau. Und dann …

… dann fange ich an zu sprechen und die Mimik meines Gegenübers verändert sich oder es herrscht erst mal Stille in der Leitung. Mein Auftreten und mein Sprechen sind so konträr, dass ich zunächst Verwirrung beobachte.

Die Ursache dieser Reaktionen ist meine veränderte Sprechweise, die sehr nasal und „verschwommen“ ist. Am ehesten mit einem Schlaganfallpatienten vergleichbar. Jedenfalls nicht mehr der Norm entsprechend.

Als die Diagnose kam, war ich in der 40. Schwangerschaftswoche, und wir haben jeden Moment mit der Geburt unserer 3. Tochter gerechnet. Bei mir war ein bösartiger Tumor im linken, oberen Gaumenbereich festgestellt worden. Dass ich an Speicheldrüsenkrebs erkrankt war, konnte ich erst zwei Jahre später so formulieren. Das Wort „Krebs“ war lange Zeit tabu für mich.

Das Wichtigste vorweg: Ich bin seit über 6 Jahren krebs- und tumorfrei! Gott sei Dank!

Drei Wochen nach Salomes Geburt begannen die Behandlungen; erst nur Operationen, dann aber, nachdem Ende 2013 ein Rezidiv festgestellt worden war, doch eine Strahlentherapie.

Insgesamt bin ich in den letzten acht Jahren 18 Mal operiert worden, mehrmals wirklich große und lange OPs von bis zu 11 Stunden, ich war zwei Wochen im künstlichen Koma, in dem ich aufgrund einer Medikamentenunverträglichkeit grauenhafte Alpträume durchlebte, hatte drei Halsröhrenschnitte, wurde wochenlang künstlich ernährt, habe viel Haut-, Gewebe- und Knochentransplantationen mitgemacht; und ich werde auf „meiner" Station in der Klinik mittlerweile mit herzlichen Umarmungen empfangen, weil wir uns einfach schon so lange und gut kennen! Die letzte OP fand Mitte September 2019 statt und ging drei Stunden. Grund hierfür sind Strahlenschäden, die eine gravierende Wundheilungsstörung im Schläfenbereich verursacht haben.

In diesen Jahren habe ich aufgrund der vielen Eingriffe im Gaumen- und im linken Gesichtsbereich mein normales Sprechen sowie einige Nervenstränge verloren, was eben zu dieser markanten Veränderung im Sprechen und der Mimik geführt hat. Aber ich habe das Leben zurückerhalten, gewonnen und behalten! Und das ist Gottes Werk in, an und mit mir. Ohne Gottes Gnade würde ich nicht mehr leben.

Und damit bin ich beim Thema „Freude": Wie kann man trotz einer derartigen Lebensgeschichte dennoch von Freude sprechen? Für mich ist Freude nicht mit oberflächlichem „Spaßhaben" oder „Partymachen" gleichzusetzen. Freude ist eine tiefe Emotion, eine innere Haltung, gekoppelt mit Dankbarkeit.

Eine der ersten nachhaltigen Übungen zum Umgang mit der Erkrankung gab mir mein Psychologe. Anstatt mich zu bemitleiden, was ich nach der ersten Operation lieber gehabt hätte, hat er mir nahegelegt, einen „Lebensstil der Dankbarkeit" zu praktizieren. Wenn mein Mann mich nicht an die Hand genommen hätte, hätte ich diese Übung vermutlich erst mal verweigert. So habe ich aber erlebt, dass der Fokuswechsel – weg von dem Entsetzen, der Angst vor der Zukunft, der Warum-Frage – hin zum Dank über jede Kleinigkeit bis hin zu unseren Kindern und der wunderbaren Versorgung durch unsere Großfamilie und meine behandelnden Ärzte, mich innerlich in Balance gehalten hat und sich dadurch „göttliche" Freude ausgebreitet hat, die ganz unabhängig von den Umständen ist.

Und ich habe immer wieder konkrete Freudenmomente erfahren, zum Beispiel als ein nach der Strahlentherapie entstandenes Ödem an der Schädelbasis plötzlich einfach nicht mehr da war oder als mir völlig unerwartet eine Stelle in einer Klinikschule angeboten wurde! Dazu sei erwähnt, dass ich Gymnasiallehrerin bin und mein Beruf auch wirklich meine Berufung ist. Es war ein harter Schlag für mich, wegen der veränderten Sprechweise nicht mehr an einer normalen Schule unterrichten zu können. Dass ich jetzt an der Klinikschule Jugendliche, die akute psychische Probleme haben und in diesen Phasen ebenfalls nicht mehr der Norm entsprechen, unterrichten und ermutigen darf, ist ein riesiges Geschenk von Gott! Es bereitet mir echt jeden Unterrichtstag Freude, an dieser Schule zu sein! Ich durchlebe alle Emotionen Gott gegenüber. Das Geniale an Ihm ist, dass Er alles erträgt und sich Seine Liebe zu mir nicht ändert. Mein Konfirmationsvers steht im Lukasevangelium. Jesus spricht: „Ich habe für dich gebetet, dass dein Glaube nicht aufhöre!" (Lukas 22,32)

Welche Kraft und Freude in diesen Worten steckt, habe ich in den letzten acht Jahren neu verstehen und erleben dürfen: Jesus selbst betet für mich!

Annette Glaser, Lehrerin, Jahrgang 1974, Pfinztal

Der Koffer

Mein Vater war Betriebsleiter in einem großen Lebensmittelunternehmen, das nach dem Zweiten Weltkrieg enteignet und dann als „Konsum“ weitergeführt wurde. Weil mein Vater nicht in die SED eintreten wollte, war er Repressalien ausgesetzt. Wegen einer Lappalie – er hatte einige Weißblechdosen an einen Bauern verkauft – sollte er dann verhaftet werden. Er entzog sich der Verhaftung jedoch durch die Flucht in den Westen. Prompt erschienen zwei Männer bei uns, die meiner Mutter Vorwürfe machten und feststellten, dass mein Vater republikflüchtig sei. Man bestellte sie auch ins Plauener Polizeipräsidium, wo sie verhört wurde. Die Männer wollten wissen, wo unser Vater sei. Meine Mutter stellte sich unwissend und blieb standhaft.

Bald stellte man im örtlichen „Konsum“ fest, dass ohne meinen Vater fast nichts mehr lief. Weil kein Konzept mehr vorhanden war, verdarb einerseits die Ware, andererseits kam es jedoch wegen mangelnder Übersicht zu Lieferengpässen. Jetzt wurde bei den Verhören eine andere Tonart angeschlagen: „Wir wissen jetzt, wo Ihr Mann ist. Er befindet sich in Hof und arbeitet im Zweigbetrieb seines ehemaligen Arbeitgebers.“

Meine Mutter erhielt jetzt für sich und jeweils zwei von uns Kindern großzügig Aufenthaltsgenehmigungen für die Westzonen – dort sollte sie meinen Vater zur Rückkehr bewegen. Außerdem sollte sie Informationen über Personen liefern, die ebenfalls nach Hof geflüchtet waren. Für alle vier Kinder erhielt sie natürlich keine Aufenthaltsgenehmigung, weil man befürchtete, dass dann die ganze Familie im Westen bleiben würde.

Mein Vater lebte in der Zwischenzeit tatsächlich wieder in seiner Heimatstadt Hof, wo er im ehemaligen Filialbetrieb mit offenen

Armen aufgenommen wurde. An eine Rückkehr nach Plauen oder gar an Spitzeldienste für die DDR dachte er natürlich nicht. Vielmehr wurden die Aufenthalte im Westen von meiner Mutter genutzt, um nach und nach Wertgegenstände unseres Hausstandes wie Bilder (ohne Rahmen) und wertvolles Porzellan nach Hof zu schmuggeln. Während dieser Reisen machten wir auch die Bekanntschaft mit Gutenfürst, einem kleinen verschlafenen Ort, der das Pech hatte, die letzte Bahnstation in der DDR zu sein, und der für jeden Insider ein Synonym des Grauens war. Die Züge wurden hier abgestellt, die Lok abgehängt, Schaffner und Zugbegleiter mussten gehen. Dann kamen linientreue Volkspolizisten in die Waggons, um die Reisenden zu filzen. Manchmal war es weniger schlimm, aber meistens war es die Hölle. Zur Untermalung des Ganzen wurden dann noch Bluthunde freigelassen, die um die Waggons streiften, um ja keinen Kontakt von innen nach außen zuzulassen.

Bei einer dieser Fahrten hatte meine Mutter wieder Wertsachen in einem der drei Koffer verstaut – in der Hoffnung, dass dieser Koffer nicht durchsucht werden würde.

Dann kam ein Volkspolizist ins Abteil, nahm genau diesen Koffer ins Visier und befahl: „Öffnen!" Meine Mutter machte sich schlotternd daran, den Koffer aufzuschließen, was ihr aber trotz dreier Versuche nicht gelang. Dann sagte der Volkspolizist: „Geben Sie mal den Schlüssel her!" und versuchte selbst sein Glück. Ebenfalls vergeblich. Nach mehreren Versuchen war er sichtlich verärgert und verschwand schließlich, nachdem er doch die beiden anderen Koffer inspiziert hatte.

In Hof angekommen, erzählte meine Mutter meinem Vater, dass sich der Koffer nicht öffnen ließe. Mein Vater versuchte es, und der Koffer ging ohne Probleme auf. Seitdem ist mir klar, dass Gott stets seine schützende Hand über uns hält und dass unser Schicksal in Gottes Hand liegt!

Georg Thüroff, Jahrgang 1943, Rentner, Großhabersdorf

Der Pitbull

Da stand er nun vor mir: Pitbull. Sein Ruf eilte ihm voraus. Mitten aus einer christlichen Drogentherapie nahm er, Sebastian, mit mir Kontakt auf. Sein Leben war ein Scherbenhaufen. Von klein auf wurden er und sein kleiner Bruder herumgeschoben. Das Kinderheim wurde sein Zuhause. Es dauerte nicht lange, bis er die ersten Schlägereien hatte. So „arbeitete“ er sich von kleineren Straftaten zu größeren hinauf. Es war ein Teufelskreis, der ihn schon früh erfasst hatte. Sein Herz war hart, und diese Härte bekamen viele zu spüren. Als Jugendlicher schloss er sich einer gefährlichen Gang an. Erpressung, Einbrüche und Bandenkriminalität bestimmten seinen Alltag. Er wurde selbst angeschossen, niedergestochen, lag acht Monate im Koma und wollte sich sogar das Leben nehmen. Eines Tages hielt er sich einen geladenen Revolver an den Kopf und drückte ab und drückte ab. Doch es löste sich kein Schuss. Verwundert überprüfte er die Waffe und drückte nochmals ins Leere ab und siehe da, ein Schuss löste sich. *Was war mit der Waffe los? Sollte er weiterleben? Wenn ja, warum? Wer wollte, dass er weiterlebte? Was hatte das Ganze noch für einen Sinn?* Das Maß des Schweren war aber noch nicht voll, denn ein Freund wurde neben ihm erschossen, und sein sogenannter „Ziehvater“ nahm sich vor seinen Augen das Leben. *Was musste er noch alles ertragen? War's das jetzt?* Nein es kam noch schlimmer: Sein kleiner, über alles geliebter Bruder wurde getötet.

Verzweifelt, am Boden, mitten im Drogensumpf, beschloss Sebastian, eine Therapie zu machen. Dort drückte man ihm meine Lebensgeschichte in die Hände. „Pitbull“ Sebastian und Lesen? Das passte irgendwie nicht zusammen. In der Therapie erzählten sie ihm immer wieder von Gott. All die Jahre davor passte das für „Pitbull" auch nicht zusammen: „Pitbull" und Jesus? Nee, das sind zwei verschiedene Paar Schuhe!", so seine eigenen Worte.

Er rang sich durch und las meine Geschichte. Sein Herz wurde berührt und so nahm er mit mir Kontakt auf. Ich lud ihn umgehend zu mir ein. So kam es, dass wir uns eines Morgens an meiner Sportschule für Selbstverteidigung das erste Mal begegneten. Ein körperlich starker Typ. Glatze, Stiernacken, breite Schultern, gefährlicher Blick und überall Tattoos.

Wir begrüßten uns. Nach einigen Augenblicken sagte ich Folgendes zu ihm: „Sebastian, ich sehe vor mir keinen gefährlichen Mann. Deine Glatze, deine breiten Schultern, auch dein grimmiger Blick beeindrucken mich gar nicht. Alles, was ich sehe, ist ein kleiner verletzter Junge." Seine Fassade bröckelte, Tränen füllten seine Augen. Sein Herz wurde berührt und meines auch – nicht nur damals, sondern selbst jetzt noch beim Schreiben dieser Geschichte.

Pitbull weinte und schrie seinen Schmerz heraus. „Ich habe so viel Wut und Hass in mir. Die Leute sagen mir, dass ich das nicht haben darf, aber ich habe es nun mal, und ich habe das Gefühl, als würde das alles, mein Leben, meine Schmerzen, der Hass und all die Wut mich zerreißen." Gespannt wartete er auf meine Reaktion. Ich drückte ihn kurz und antwortete: „Sebastian, ich finde es total in Ordnung, dass du Wut und Hass hast. Du bist ohne Familie aufgewachsen und Leute, die dir wichtig waren, wurden getötet oder haben sich selbst umgebracht. Es ist doch menschlich, solche Gefühle zu haben. Wenn es so ist, wäre es doch falsch, dies zu leugnen. Natürlich ist Wut und Hass nicht förderlich, aber du bist ehrlich und das zählt mal zuerst." Meine Worte saßen. Er meinte, dass er so was von einem Christen nicht erwartet hätte. Von diesem Tag an hielten wir Kontakt. Ich gab ihm den Tipp, dass er sein altes Umfeld verlasen solle. Es würde ihn immer wieder zum Bösen verleiten. So zog er eines Tages weg und arbeitete an einem andern Ort in einer Fischbude. „Pitbull", der einst so verbitterte, gefährliche Kerl, verkaufte nun Fischbrötchen! Eines Nachts kamen die Leute, die seinen Bruder auf dem Gewissen hatten. Er rechnete mit dem Schlimmsten. Mit einem Fischmesser bewaffnet stellte er sich den Leuten entgegen. Doch sie waren nicht gekommen, um Stress zu machen. Nein, es war unvorstellbar, aber sie kamen, um ihn um Vergebung zu bitten. In dieser Nacht hat „Pitbull" das Unfassbare getan: Er vergab den Leuten, die seinen geliebten Bruder auf dem Gewissen hatten. Es war unfassbar. Ab diesen Tag waren all die Wut und sein ganzer Hass weg. Kurz danach meldete er sich bei mir und meinte: „Ich kann es nicht beschreiben, aber da ist so ein Frieden in meinem Herzen, es fühlt sich so gut an. Ich spüre noch etwas, was ich so nie kannte: Ich bin glücklich."

In dieser Zeit lernte er die Macht der Vergebung kennen und begriff, dass Wahrheit frei macht. Von da an konnte er auch frei beten. Er erzählte den Leuten, was Gott Gutes in seinem Leben getan hat. Und das tut er heute noch. Eines Tages begleitete er mich zu einem Vortrag und erzählte dort seine Geschichte. Viele, sehr viele wurden berührt. Während der Autofahrt sprachen wir über seine Eltern. Sein Gesichtsausdruck wurde so hart wie damals, als wir uns zum ersten Mal begegneten. Bitterkeit und Wut machten sich breit. Ich verstand ihn total und dennoch war ich mir sicher, dass seine Eltern vermutlich auch mit vielen Verletzungen groß geworden waren und großen Mangel an Liebe hatten.

Mir geht es darum, die Dinge zu verstehen. Verstehen bedeutet nicht zwangsläufig, die Dinge auch gutzuheißen. Es heißt zunächst einfach nur: verstehen. Ich selbst wurde von meinem Papa verprügelt, mein Papa von seinem Vater und Opa von seinem usw.

Wir hatten ein tiefes, offenes und ehrliches Gespräch. Ich spürte, Gott arbeitete an seinem Herzen. Während dieser Zeit wurde ein Freiwilliger für einen Nikolaus-Einsatz an der örtlichen Sonderschule gesucht. Sebastian übernahm das mit großer Freude. Die Kinder waren verwundert, warum der Nikolaus tätowiert war. Seine Antwort darauf war: „Auch der Nikolaus muss mit der Zeit gehen."

Als er später ohne Verkleidung wieder durch die Schule lief, kam eines der Kinder zu ihm und meinte: „Hey, du hast dieselben Schuhe wie der Nikolaus!" Doch Sebastian war schlagfertig und konterte: „Tja, der Nikolaus und ich kaufen unsere Schuhe im selben Laden."

Sebastian war ein außergewöhnlicher Nikolaus an diesem Tag. Er brachte so viel Freude, ja so viel Liebe – nicht nur den Kids, sondern auch den Lehrern. Was für ein Wunder! Der, der kaum Liebe kannte, schenkte Liebe. Der, der kaum echte Freude erlebt hatte, versprühte unendlich viel davon.

Nachdem ich schon so viel Wunderbares mit Sebastian erlebt hatte, setzte er noch einen drauf: Eines Tages schrieb er mir, dass er die Adresse seiner Mutter ausfindig hatte machen können und jetzt zu ihr gehen wolle.

Er hatte unfassbare Angst vor diesem Tag, vor dieser Begegnung. Seine Beine waren schwer wie Blei. Ich sagte ihm, dass er nichts erwarten und auch keine Fragen stellen solle. Aber das ist natürlich leichter gesagt als getan.

Dann kam dieser Tag. Mit fast 40 Jahren stand er zum ersten Mal seiner Mutter gegenüber. Einer verbitterten und vom Leben gezeichneten Frau. Gefühle konnte sie ihm nicht zeigen, woher auch. Aber an diesem Tag schaute Sebastian zum ersten Mal seiner Mutter in die Augen, hörte zum ersten Mal ihre Stimme, und er erfuhr, dass sein Vater sich kurz nach seiner Geburt das Leben genommen hatte.

Es war ein schwerer Tag, aber seine Ungewissheit bezüglich seiner Eltern ist seit diesem Tag erledigt. Er weiß nun Bescheid und nun kann sein Herz weiter heilen.

Sebastian ist froh, auch diesen Schritt gegangen zu sein. Einer von vielen. Er war viele Jahre im Knast. Er war drogensüchtig und wurde frei. Er vergab seinen Eltern und denen, die seinen Bruder auf dem Gewissen hatten. Aus Bitterkeit wurde Freude, aus dem einst gefährlichen „Pitbull" ein wunderbarer, hilfsbereiter Freund.

Sebastian wurde aus aller Gefangenschaft befreit und ist nun wahrhaftig frei. Es ist ein Wunder. Aus Hass wurde Liebe...

Michael Stahl, Autor & Trainer für Selbstverteidigung, Jahrgang 1970, Bopfingen, www.protactics-stahl.de

Das Wunder im Wohnzimmer

„Ich bin schwanger, aber ich werde das Kind verlieren.“ Mir wäre fast der Kuchen im Hals stecken geblieben, als meine Freundin Christiane bei unserem Kaffeetrinken diesen Satz sagte. Christiane und ich waren schon länger gut befreundet, und daher kannte ich ihre Geschichte. Ihr Mann und sie hatten beim ersten Kind lange versucht, schwanger zu werden. Nach vielen Untersuchungen, einer Hormonbehandlung und langem Warten und Hoffen war es dann endlich so weit – das langersehnte, erste Kind war unterwegs. Sie bekamen einen gesunden Sohn, der inzwischen schon anderthalb Jahre alt war.

An diesem Tag hatte Christiane mich angerufen und gebeten, vorbeizukommen. Mein Tag war voll und meine To-do-Liste lang. Ich hätte eigentlich keine Zeit gehabt zum Kaffeetrinken. Aber etwas in Christianes Stimme hatte mich hellhörig werden lassen. Sie klang, als ob sie eine gute Freundin gebrauchen könnte. So änderte ich meine Pläne und machte mich auf den Weg zu ihr.

Da saßen wir also in ihrem Wohnzimmer bei Kaffee und Kuchen, als Christiane mir von ihrer Schwangerschaft erzählte. Eigentlich ein großer Grund zur Freude, doch die letzte Untersuchung hatte gezeigt, dass etwas nicht stimmte. Die Fruchtanlage fehlte, und die Frauenärztin kam dadurch zu dem Schluss, dass Christiane das Baby verlieren würde. „Nehmen Sie immer eine Binde mit, denn es kann jederzeit passieren. Das Kapitel Baby ist abgeschlossen.“ Fassungslos über eine solche finale, vorausgreifende Aussage sah ich Christiane an. Die Trauer über diesen Befund stand ihr ins Gesicht geschrieben.

Ich kann mir nur ansatzweise vorstellen, was in diesem Moment in ihr vorging. Erst das Wunder einer zweiten Schwangerschaft – dieses Mal ohne Hormonbehandlung, ohne Hoffen und Warten. Einfach so. Gott tut ein Wunder, und sie ist schwanger. Doch dann der Schlag ins Gesicht. Etwas stimmt nicht. Die Sorge um das Kind rückt in den Vordergrund, und die Freude über das Wunder schwingt in Trauer und Verständnislosigkeit um. *Warum lässt Gott so etwas zu? Wenn er doch wusste, dass das Baby wahrscheinlich sterben würde, warum ist Christiane dann überhaupt schwanger geworden?*

In mir stieg eine riesige Wut hoch. Ich war wütend auf Gott und verstand nicht, wie er so etwas zulassen kann. Aber noch wütender war ich auf die Ärztin, die das Kind voreilig für tot erklärt hatte.

Mir fielen in dem Moment die vielen Geschichten aus der Bibel ein, in denen Jesus Kranke heilt und Tote auferweckt. Und auf einmal wandelte sich meine Wut in Hoffnung. Ich bot Christiane an, für sie und das Kind zu beten. Wenige Minuten später saßen wir beide auf dem Fußboden in ihrem Wohnzimmer, die Hände auf ihren Bauch gelegt. Ich nahm meinen ganzen Mut und mein Vertrauen auf Gottes Wirken zusammen und betete für das Ungeborene in Christianes Bauch. „Mach, dass das Baby überlebt. Schenke, dass sein Leben nicht zu Ende ist, bevor es überhaupt richtig angefangen hat“. Während wir beteten, schien die Zeit auf einmal stillzustehen. Etwas im Raum hatte sich verändert. Ich spürte tief in mir, dass das ein heiliger Moment war. Mitten in diesem Wohnzimmer, mitten im Alltag kam der Himmel auf die Erde. Während ich betete kamen mir drei Gedanken:

Das Kind wird leben. Es wird ein Mädchen. Es soll Sarah heißen.

Ich habe von Menschen gehört, die solche prophetischen Gedanken öfter haben, aber für mich war das komplett neu. *Hatte ich wirklich Gottes Stimme gehört? Oder war es lediglich mein Wunsch für Christiane, der diese Gedanken in meinen Kopf legte?*

Etwas überfordert mit der Situation behielt ich die drei Sätze erst einmal für mich. Ich wollte auf jeden Fall verhindern, dass Christiane sich Hoffnungen macht, die später enttäuscht werden. Man könnte dies als angebrachte Vorsicht oder als unnötigen Kleinglauben bezeichnen. Ich weiß es nicht.

Ein paar Wochen nach unserem Treffen erhielt ich einen Anruf. Es war Christiane, die gerade von einem Termin mit der Frauenärztin kam. „Agnes, du glaubst nicht, was passiert ist! Die Fruchtanlage ist da. Alles ist in Ordnung! Das Baby ist gesund!" Die Freude war natürlich riesig, und nun traute ich mich auch, ihr von meinem Eindruck zu berichten, dass das Baby leben würde. Die beiden anderen behielt ich aber vorsichtshalber immer noch für mich.

Wieder ein paar Wochen später erfuhr ich von Christiane, dass sie tatsächlich ein Mädchen erwartete. „Das hab ich schon gewusst", meinte ich zögernd und erzählte ihr nun endlich von meinen Eindrücken von jenem Nachmittag. Auch den Namen Sarah nannte ich ihr. Als wir gemeinsam die Bedeutung des Namens googelten, trauten wir unseren Augen kaum. Denn Sarah bedeutet „Fürstin des Lebens".

Ein paar Monate später kam eine gesunde Josephine Sarah auf die Welt. Ich werde nie diesen Nachmittag vergessen, an dem Gott mitten im Alltag in Christianes Wohnzimmer ein Wunder getan hat.

Agnes Weichel, Apothekerin, Jahrgang 1987, München

Bethlehem im Ruhrgebiet

Wenige Tage nach Heiligabend lud ein strahlender Wintertag zu einem ausgiebigen Spaziergang ein. Der Himmel zeigte sein schönstes Blau bei klirrender Kälte. Um möglichst viel von der heißbegehrten Wintersonne abzubekommen, suchten wir anhand einer Wanderkarte einen unbekannten Weg, der uns auf einem Höhenzug entlangführte. Mein Mann und ich spazierten auf dem Asphalt. Unsere beiden Kinder schlugen sich durchs Dickicht. Da steckte unser vierjähriger Sohn – noch ganz unter dem Eindruck des Weihnachtsmusicals in unserer Kirchgemeinde – seine große Schwester mit einer Idee an: „Komm, wir sind Hirten und wandern nach Bethlehem!“ Gesagt, getan. Beide stapften mit Stöcken in der Hand und rotwangigen Gesichtern über Stock und Stein, zwischen Bäumen und Büschen entlang. Es war ein beschwerlicher Weg durchs Gelände, aber die Kinder hatten übereifrig ihren Spaß und wiederholten immer wieder: „Wir sind Hirten! Wir wandern nach Bethlehem!“ Schließlich überquerte der Wanderweg einen Hof, offensichtlich eine Schreinerei. Da rief unsere Tochter plötzlich: „Da, der Stall!“ Und tatsächlich stand am Wegesrand eine lebensgroße Krippenszene aus einfachen Holzfiguren als Weihnachtsdekoration. Die Kinder rannten begeistert darauf zu. Fast andächtig beugten sie sich über die Krippe und schenkten dem „Jesuskind“ ihre Wanderstöcke. Auch wir Eltern waren überrascht von diesem schönen Zufall und berührt davon, wie aus dem kindlichen Spiel plötzlich Ernst wurde. Ja, das Erlebnis wurde uns zu einem eindrücklichen Bild: Jesus, der Sohn Gottes, ist nicht nur an den Feiertagen im Glanz des Weihnachtsbaumes zu finden. Sondern er ist da, wenn wir uns auf unserem Lebensweg vorwärts mühen. Manchmal verlaufen unsere Tage wie ein Spaziergang im strahlenden Sonnenschein: Wir haben vieles, wofür wir danken können. Wir haben Menschen um uns, mit denen wir unser Glück teilen. Aber nicht selten kämpfen wir uns Schritt für Schritt nach vorne. Wir stolpern über Wurzeln, verletzen uns an Dornen und setzen nur mühsam einen Fuß vor den anderen, kurz davor, aufzugeben. Wir werden von Sorgen niedergedrückt und zweifeln, weil wir manches nicht verstehen. Und gerade auf diesem mühsamen Weg durchs Dickicht unseres Lebens will Jesus uns begegnen. Er will uns zeigen, wie sehr Gott uns liebt. Er will uns umarmen und trösten, wenn wir uns an den Leidenspunkten unseres persönlichen Weges reiben. Er will uns befreien, wo Schuldgefühle uns die Luft abschnüren, und uns vergeben, wo wir tatsächlich schuldig geworden sind. Dafür ist Gott Mensch geworden. Er will uns seinen Frieden schenken – mitten in den Fragen und Widersprüchlichkeiten unseres Daseins. Das ist der tiefe Sinn von Weihnachten, der bis in die dunkelsten Winkel unseres Lebens leuchtet: Gott ist da. Wenn wir ihm unser Herz öffnen, wird unser ganzer Lebensweg eine Weihnachtswanderung.

„Denn uns wurde ein Kind geboren, uns wurde ein Sohn geschenkt. Auf seinen Schultern ruht die Herrschaft. Er heißt: wunderbarer Ratgeber, starker Gott, ewiger Vater, Friedensfürst“ (Jesaja 9,5).

Ingrid Jope, Reha-Integrations-Managerin, Jahrgang 1969, Wetter an der Ruhr

Es war einmal an einem warmen Sommertag

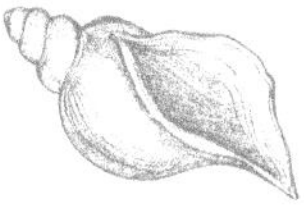

Es war an einem warmen Sommertag. In einem kleinen Dorf machte sich ein Paar mittleren Alters auf, um zum Standesamt zu gehen, denn dort wollten sie das Aufgebot für ihre Hochzeit bestellen.

Die Standesbeamtin begrüßte die beiden sehr freundlich und erläuterte die üblichen Abläufe und Fristen.

Das Ehepaar war mit allem einverstanden, und so holte die Standesbeamtin ein Formular hervor und fragte die Frau zunächst nach ihrem Namen und ob sie bereits Kinder hätte. Die Frau gab ihren Vor- und Zunamen sowie die Namen und Geburtstage der Kinder an. Es waren drei an der Zahl und alles Jungs. Danach war der Mann an der Reihe.

Auch er nannte seinen Vor- und dann seinen Zunamen. „Oh", rief die Standesbeamtin freudig, „Sie haben ja den gleichen Nachnamen, das kommt sehr selten vor. Haben Sie Kinder?", fragte sie weiter. „Ja", sagte der Mann, „Ich habe drei Kinder".

„Wow, das wird aber eine große Patchworkfamilie", rief sie erstaunt.

Der Mann lachte leise und gab nun den Namen und das Geburtsdatum seines ersten Sohnes an. Plötzlich verstummte die Standesbeamtin abrupt. Sie schaute den Mann und dann die Frau abwechselnd an und meinte leise „Nein, das ist jetzt nicht wahr, oder?"

„Doch", sagte die Frau, „wir haben uns vor 15 Jahren scheiden lassen und gingen getrennte Wege. Doch das Schicksal hatte einen anderen Plan mit uns."

Nachdem sich die Standesbeamtin wieder gefangen hatte, meinte sie nur: „Normalerweise traut immer der Bürgermeister, aber Sie würde ich gerne persönlich trauen, denn diese Geschichte ist ungewöhnlich und sehr schön“. So kam es dann auch, dass die Standesbeamtin zur Trauung der beiden einen besonderen Text schrieb.

Ob es beim zweiten Mal besser lief? Ob die beiden noch ein Paar sind? Ob sie noch glücklich sind? Ja, das sind sie!

Woher ich das weiß? Nun – ich begegne ihm jeden Morgen im Spiegel!

Was war passiert? Nach der Scheidung ging die neue Beziehung des Mannes nach ein paar Jahren wieder auseinander, und er wohnte eine Zeit lang allein in seiner Heimatstadt. Wegen der Kinder hatten die beiden jedoch regelmäßig Kontakt. Bei einem seiner Besuche kamen sie bei einer Tasse Kaffee ins Reden und arbeiteten die ganzen letzten Jahre auf – sie sprachen über die weniger guten, die schiefgegangen waren, aber sie erinnerten sich auch an die schönen Dinge. Sie redeten viel – lachten, waren nachdenklich und begannen, sich langsam wieder näherzukommen.

Doch sollte man wieder heiraten? Schnell bekamen die beiden diverse Ratschläge: „Einen kalten Kaffee sollte man nicht aufwärmen!“ oder „Das kann nichts werden, das hat noch nie funktioniert“. Es gab viele Gründe, nicht wieder zu heiraten, und jeder hätte das verstanden! Doch wir gaben uns eine Chance, weil wir uns nicht aufgegeben haben. Wir haben aus der Vergangenheit gelernt und uns drei Dinge zu eigen gemacht:

Wir reden viel, um mehr über einander zu erfahren.
Wir reden oft, bevor es zum Missverständnis kommt.
Und wir reden viel lieber, bevor wir uns streiten.

Heute werden wir für unseren Schritt bewundert und bekommen viel Zustimmung.

Ich habe die Zeit von der Trennung bis heute in einer Erzählreise und einem Hörbuch verarbeitet. Mit meinem Programm: „*1x Leben süß-sauer, bitte!*" mache ich als Erzählphilosoph den Menschen Mut, niemals aufzugeben.

Oliver Gross, Erzählphilosoph und Rhetor, Jahrgang 1959, Forchheim

Die Macht der Schwachen

Es ging schon seit Wochen so: Ich wurde kaum noch von meinen eigenen Kollegen gegrüßt, geschweige denn von meinem Chef. Man ging mir regelrecht aus dem Weg. Arbeitsaufträge wurden mir seit Langem vorenthalten. Hinter vorgehaltener Hand wurde getuschelt. Was war geschehen?

In mir war schon seit längerer Zeit der Wunsch gereift, meine kurz bevorstehende Armeezeit nicht wie üblich bei den bewaffneten Organen der DDR (so nannte man das damals!), sondern bei den sogenannten „Bausoldaten", auch „Spatensoldaten" genannt, zu absolvieren. Das waren die Soldaten, die den Dienst an der Waffe aus religiösen oder humanitären Gründen ablehnten. Die DDR hatte durch den ehemaligen Generaloberst Stechbarth die entsprechende Zusage in einem dafür eigens herausgegebenen Gesetzblatt verankert. Allerdings nur auf dem Papier!

Theoretisch hörte sich das ziemlich einfach an. Aber in die Praxis konnte man die Befreiung vom Dienst an der Waffe als Christ nur unter erschwerten Bedingungen durchsetzen. Ich ahnte nicht, wie viele Schwierigkeiten mein weiterer Weg mit sich bringen würde. Den entsprechenden Antrag hatte ich bei den zuständigen Behörden bereits eingereicht. Lange Zeit war Ruhe.

Dann brach plötzlich der Sturm los: Das Wehrkreiskommando der NVA informierte sofort meinen damaligen Arbeitgeber über den Eingang meines Antrages. Ich hätte nie gedacht, dass durch diese Entscheidung eine so mächtige Lawine ins Rollen kommen würde. Ein großer sozialistischer Betrieb wie der unsere konnte und wollte sich diesen Entschluss nicht gefallen lassen. Es wurden sofort Maßnahmen ergriffen, um mir deutlich zu machen, dass ich als Christ völlig schieflag. Nur die große sozialistische

Arbeiterpartei kannte das einzig wahre Ziel. Durch die Parteileitung des Betriebes und die SED-Kreisleitung erging die Anweisung an unseren Direktor, entsprechende Gespräche mit mir zu führen. Fast jede Woche musste ich irgendwo „antanzen".

Ich wurde gefragt, warum ich als Christ nicht unseren Staat mit der Waffe verteidigen möchte und woher solche Gedanken kämen. Ob ich zu viel West-Fernsehen sähe (dabei wussten alle, dass wir keinen Fernseher besaßen). Manche Parteigenossen hatten sich auf die Fahne geschrieben, mich total zu kontrollieren. Über jedes Wort, das nicht in ihren Kram passte, musste ich bei unserem Direktor Rechenschaft ablegen. Man suchte sogar in meinem Umfeld nach der Person, die mich aufgehetzt haben musste. Doch man fand niemanden. Ich erklärte bei den Gesprächen, dass ich mich mit meinem Gewissen für die Gebote der Bibel entschieden hätte, und darin würde stehen, dass wir Menschen nicht töten sollen. Nicht immer gingen diese Gespräche gut aus.

Meine Gesprächspartner sahen sich immer auf der Seite des Siegers, denn sie waren der Meinung, dass die große sozialistische Arbeiterpartei recht hätte und dass man den Staatsfeind mit der Waffe bekämpfen müsste. Manchmal erlebte ich aber auch, dass ihr Standpunkt ins Wanken geriet, was dazu führte, dass solche „Gespräche" oft in Drohungen ausarteten.

Es war eine finstere Zeit. Ich erzählte vielen Glaubensgeschwistern von meiner Not und wusste, dass man für mich betete. Manchmal hatte ich sehr viel Angst, aber manchmal überkam mich auch eine große Ruhe, die mich stauen ließ.

Wenn ich wieder einmal zum Direktor gerufen wurde, faltete ich kurz vor der Tür meine Hände und sandte ein Stoßgebet zu meinem Herrn. So taten sich dann hin und wieder andere Türen auf, an die ich nie gedacht hätte.

Eines Morgens kam der Chef eines anderen Bereiches in mein Büro. Er bat mich, ihn in den nächsten Wochen an einem

Arbeitstag ganztägig zu unterstützen. Und das sollte so bald wie möglich geschehen. *Was würde nun wieder auf mich zukommen?*

Nichtsahnend betrat ich sein Büro. Ich erwartete, wieder einmal einen der mich demütigenden Arbeitsbefehle zu erhalten. Es kam aber ganz anders. Ich sollte Platz nehmen und dann trat er zu mir und sah mich freundlich an.

„Meine Kollegen und Genossen und ich können es nicht mehr mit ansehen und mit anhören, wie man mit dir umgeht, und wir schämen uns auch dafür. Ich habe nun eine Lösung gefunden: Du wirst in Zukunft regelmäßig an den Freitagen, wenn ich länger dienstlich unterwegs bin, in meinem Büro arbeiten. Dann dürfen die anderen, mit Ausnahme meiner Kollegen, dieses Zimmer nicht betreten. Was du hier tust, ist uns egal, du bekommst jedenfalls von mir in dieser Zeit keine Aufgaben. Ich möchte, dass du ab und zu einmal zur Ruhe kommst und für die hässlichen Angriffe der anderen nicht erreichbar bist."

Fassungslos schaute ich ihn an. Ich traute meinen Ohren kaum, denn ich hatte alles erwartet, aber *das* bestimmt nicht. An den darauffolgenden Wochen trat ich dann jeweils an den Freitagen mein neues „Arbeitsgebiet" an. Inmitten der oft blanken Wut der Partei und der kraftstrotzenden Genossen und der Zögerlichkeit der Ängstlichen wurde für mich eine Oase der Ruhe und der Erholung bereitgestellt. Begreifen konnte ich das damals nicht gleich, aber ich habe meinem Heiland von Herzen gedankt. Dieser Vorgesetzte hatte sich als Parteigenosse sein Herz bewahrt; er hatte Mitgefühl. Und in dieser dunklen Zeit war er für mich ein Licht, und ich ahnte, dass gewiss viele Kollegen ähnlich dachten. Es kam sogar vor, dass man mir leise beim Vorbeigehen sagte, dass ich weiterhin zu meinen Überzeugungen stehen sollte. Dabei fühlte ich mich gar nicht wirklich mutig. Aber hat Jesus nicht gesagt, dass er gerade in den Schwachen mächtig ist?

Michael Scheller, Diplomwirtschaftler, Jahrgang 1950, Halbendorf

Hans

Seine knorrigen, kräftigen Hände und seine sehnigen Arme bewiesen, dass er sein Leben lang körperlich gearbeitet hatte. Die hagere und vornübergebeugte Gestalt täuschte über seine Kraft und Flinkheit hinweg. Hans hatte einen stark gekrümmten Rücken, vermutlich eine Form der Scheuermann-Krankheit. Doch seine wachen und gütigen Augen ließen darüber keinen Deut von Bitterkeit erkennen, und in seinen Worten klang keine Wehmut. Vielmehr war er immer zu Späßen aufgelegt, und oft zierte ein Schmunzeln sein runzeliges Gesicht. Obwohl er meist alleine und unbeobachtet arbeitete, kannte er keinen Müßiggang. Es gab immer etwas zu tun. Doch wenn er merkte, dass bei jemandem, der gerade bei ihm war, irgendwo der Schuh drückte, war er ganz Ohr, hörte ihm aufmerksam zu und wusste meist einen guten Rat. Dann konnte die Arbeit auch mal warten.

Hans war Chef einer Brennerei und brachte mir die Kunst des Destillierens bei. Damals, als ich nach der Schule eine Lehre zum Getränketechnologen absolvierte. Das Destillieren war Teil des Lehrplans, und ich hatte es bis zu jenen seligen Wochen in der Brennerei nur aus der Theorie gekannt. Hans brachte es mir praktisch bei.

Ich fühlte mich wohl in seiner Gegenwart. Die ruhige und väterliche Art des vermutlich nahezu Siebzigjährigen imponierten mir. Da war kein Druck zu spüren, und es stand nie die Frage im Raum, ob ich das, was ich tue, richtig oder falsch mache. Seine Korrekturen erfolgten nicht über Befehle oder Direktiven. Geduldig zeigte er mir auch mehrmals, wie ich Fässer zu waschen, die defekten Gummischläuche der Standflaschen zu wechseln oder die Gummidichtung an einer Maischepumpe zu ersetzen hatte. Das waren alles Arbeiten, die zusätzlich zur Brenntätigkeit dort ausgeführt werden mussten.

Er war sich nicht zu gut, selbst die dreckigen Arbeiten zu machen, während ich dann das Fließen des Hochprozentigen zu überwachen hatte. Der Brennmaischeabfall wurde nach der Destillation in eine ehemalige Jauchegrube geleitet und dort gelagert. Von Zeit zu Zeit, wenn ein Bauer die Grube leergepumpt und den flüssigen Abfall als Dünger auf den Feldern verteilt hatte, mussten die zurückgebliebenen Zwetschgen- und Kirschensteine zentnerweise rausgeschaufelt und in eine Mulde gekippt werden. Das machte Hans.

Wenn er dann, sichtlich dreckig von dieser Arbeit, zurück in die Brennerei kam, um nach dem Rechten zu schauen, hörte ich meistens von ihm: „Gut gemacht, prima! Du machst das wirklich gut!“ Ich kam mir öfters vor wie ein König in seiner Gegenwart.

Hans hatte Einfluss. Doch auf ganz andere Art, als die meisten Zeitgenossen, die es sich zum Ziel gesetzt hatten, einflussreich zu sein. Er war nicht leistungsorientiert, trotzdem machte er seine Arbeit erstklassig. Auch kein Alphatier, und dennoch war er selbstbewusst und engagiert. Er hat nie mit großartigen Taten geprahlt, aber seine einfache Zufriedenheit weckte Interesse, und bei einigen auch ein bisschen Neid. Sein Lebensstil wollte nachgeahmt werden.

Als ich 1990 meinen erlernten Beruf an den Nagel hängte und nicht mehr für diesen Betrieb arbeitete, verlor ich auch Hans aus den Augen. Ich habe ihn nie wiedergesehen.

Heute frage ich mich, was mich an ihm so fasziniert hat. Was war sein Geheimnis? War es seine Wärme, die er ausstrahlte? Seine ruhige und selbstverständliche Art? Oder einfach der Umstand, dass er mich annahm, wie ich war? Mit allen Fehlern, die ich auch produzierte? Ich kann es nicht einordnen. Vielleicht war es ein Mix aus alledem. Vielleicht steckte aber noch mehr dahinter. Ich würde ihn gern danach fragen und ihm Danke sagen. Als siebzehnjähriger Jungspund getraute ich mich nicht. Doch leider ist das heute nicht mehr möglich. Er hat sein Geheimnis mit ins Grab genommen.

Aber ich trage die Erinnerung in mir an eine wunderbare Person, die mich auf einem kleinen Stück meines Lebens prägte, wie kaum jemand anders. Hans hinterließ Spuren. Ob er sich wohl dessen bewusst war? Danke, Hans!

Stefan Wanzenried, Informatiker, Jahrgang 1967, Wittenwil

Getragen

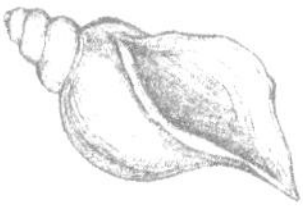

Ich wurde Mitte des vergangenen Jahrhunderts als fünftes von sieben Geschwistern geboren. Meine Kindheit und Jugend verbrachte ich in einem idyllischen Dorf am Fuße des Erzgebirges. Meine Mutter meisterte Familie, Haus und Garten und war uns ein Vorbild im Glauben. Heute freut sie sich über Postkarten von ihren sechsundzwanzig Enkeln. Mein Vater war Biologielehrer. Auch ich ging gern zur Schule, da mir der Umgang mit Worten Spaß machte. Seit meiner Kindheit habe ich sicher Hunderte von Briefen geschrieben und gestaltet – meine Kinder hingegen schreiben lieber SMS. Doch noch bevor ich schreiben konnte, sang ich bereits im Kinderchor der Kirchengemeinde. Später kamen Blockflöte, Klavier und Gitarre hinzu. Als Lehrerstochter in der ehemaligen DDR trug ich nicht den blauen Rock der Pioniere, und als ich nicht den Antrag zum Eintritt in die FDJ (Freie Deutsche Jugend) gestellt hatte, kostete das meinen Vater fast den Beruf. Ich wollte Gärtnerin werden, doch das Gegenteil geschah: weißer Kittel, saubere Hände – ich landete in einer Apotheke.

Die Gottesdienste in unserer Gemeinde waren immer sehr gut besucht, da sich Menschen aller Altersgruppen nach Gott sehnten. Darüber hinaus bildete eine Gruppe von zwanzig Frauen eine evangelische Kommunität. Auch Jugendseminare zogen Hunderte von jungen Leuten aus Karl-Marx-Stadt (heute wieder Chemnitz) und Umgebung an. Alle wollten von Gott hören und Richtungsweisung für ihr Leben finden. Wir waren uns bewusst, dass Stasi-Spitzel unter den Jugendlichen waren, aber diese hörten dann eben auch von Jesus, dem Gekreuzigten. Damals fällte auch ich den Entschluss, mein Leben mit Jesus, dem Retter, zu führen.

An einem dieser Seminare nahm auch ein junger Mann aus Moritzburg teil. Er kam, sah und siegte – und zwei Jahre später heirateten wir. In der Zwischenzeit lernten wir uns vor allem durch lange, intensive Gespräche und unendlich viele Briefe kennen. Dass er gerade seine Ausbildung zum Diakon beendete, sollte auch für mich Folgen haben: Meinen 20. Geburtstag feierten wir im Hochzeitsurlaub, und gleich anschließend zogen wir nach Holzhausen, einer Ortschaft in der Nähe von Leipzig. Dort trat mein Mann seine erste Stelle als Diakon an, und ich brachte unsere ersten beiden Töchter zur Welt.

Fünf Jahre darauf wurde mein Mann in die Jugendarbeit berufen. Mit Sack und Pack zogen wir in den zwanzig Kilometer entfernten Nachbarkirchenkreis. Die Pfarrei entpuppte sich allerdings in mehrfacher Hinsicht als Großbaustelle: Zum einen war das leerstehende, baufällige Gebäude selbst nicht bewohnbar. Zum anderen musste mein Mann die Jugendarbeit erst aufbauen – mühsam, erfinderisch und aufopferungsvoll, wie das Leben in der ehemaligen DDR eben so war. Drittens bauten wir an unserer Familie – in dieser Zeit schenkte uns Gott vier weitere Kinder. Viertens bauten wir gemeinsam mit Jugendlichen die stillgelegte Dorfkirche und die Gemeinde wieder auf. Und schließlich war während der Wende auch der Demokratieaufbau im Dorf ein wichtiger Dienst.

Nach der Wiedervereinigung zogen wir nach Brandis bei Leipzig. Kurz zuvor wurde bei mir schwere Diabetes diagnostiziert, aber ich hatte keine Zeit, in Selbstmitleid zu baden: Wir zogen in eine neue Wohnung, und ich wurde zum siebten Mal schwanger. Da die pränatalen Untersuchungen jedoch ergaben, dass unser Kind unter einer mehrfachen Behinderung leiden würde, riet die Leipziger Ärztin mir kurz vor meinem vierzigsten Geburtstag, das Kind abtreiben zu lassen.

Gemeinsam mit anderen Christen baten mein Mann und ich Gott darum, dass das Kind gesund zur Welt kommen würde –

oder wenn es tatsächlich doch behindert war, dass ich die Kraft haben würde, es zu lieben. Am 6. Juni 1992 wurde die Geburt unseres Sohnes Benjamin zum öffentlichen Ereignis: Ein Professor wollte gemeinsam mit sechs Studenten das behinderte Baby in Empfang nehmen. Stattdessen legten sie mir jedoch nach langer Untersuchung einen gesunden, neun Pfund schweren Sohn in die Arme.

Aus Dankbarkeit gegenüber Gott nahmen wir daraufhin drei Jahre später noch ein dreijähriges Pflegekind in unsere Familie auf, worüber sogar die großen Geschwister mitentscheiden konnten und mussten. Und diese Entscheidung haben wir noch nie bereut.

Ich liebe meine große Familie, auch wenn sie mir viel Kraft und Nerven abverlangt. Und ich freue mich auch über sieben Enkelkinder, selbst wenn alle weit entfernt leben – doch ich bin einfach zu stolz über die Selbstständigkeit und Weltgewandtheit meiner Kinder.

Nebenbei gesagt: Da mein Mann häufig im Außendienst unterwegs ist, ist unser Alltag alles andere als fest geregelt. Jeder Tag ist anders. Doch so bleiben wir auch flexibel. Dennoch planen und gestalten wir die Familie gemeinsam, selbst wenn die Kommunikation einmal auf der Strecke bleibt. Es ist eben nicht immer genug Zeit, alles gründlich zu besprechen. Wir haben aber gelernt, mit mangelnder Gesundheit, leerer Familienkasse und mit knapper Zeit zu leben. Verzichten und Vergeben gehört untrennbar zu unserem Leben hinzu.

Doch wir sind uns eines ganz besonders bewusst: Wir werden als Familie von einem guten Gott getragen. Der Glaube an Jesus Christus ist unsere gemeinsame Lebensgrundlage. Das Gebet zu Gott ist uns unendlich wichtig. Und das ist ein Gespräch, bei dem wir nie aneinander vorbeireden.

Maria Neumann, Hausfrau und Mutter, Jahrgang 1952, Brandis

Gottes Augenzwinkern

Viele Prediger bemühen sich, zu beweisen, dass Gott Humor hat. Klar hat er das! Da wird die Geschichte vom Turmbau zu Babel angeführt, in der erzählt wird, wie Gott den Plänen der zum Himmel strebenden Großbaumeister entgegensteuern muss. Oder es kommt die Geschichte zur Sprache, in der vom klügsten, aber eingebildetsten Mann aus dem vorderen Orient die Rede ist – von Bileam, dem ein Esel die Wirklichkeit Gottes erklären muss.

Aber hat Gott auch heute Humor? Gibt es auch in unserer Zeit Anzeichen dafür? Ich denke, ja.

Das erste europäische Festival des CVJM 2003 in Prag war für uns alle Neuland. Meine Aufgabe war es, Mitarbeiter zu finden und sie für diese große Veranstaltung zu schulen. Für 7.000 Teilnehmer suchten wir 350 freiwillige Helfer aus ganz Europa. Wir stießen auf große Begeisterung in den klassischen CVJM-Ländern, und auch in Ost- und Mitteleuropa gab es vielfach das Signal, dass man den niedrigen Mitarbeiter-Beitrag zahlen will, um auf alle Fälle beim Festival dabei zu sein. Doch je näher der Höhepunkt herannahte, der im Letna-Park von Prag stattfinden sollte, umso stiller wurde es bei denen, die anfangs so begeistert für die Sache waren. Ein bedeutendes CVJM-Land meldete einen Mitarbeiter an, der es vorzog, dann doch daheim zu bleiben. Das Gastgeberland brachte es statt 100 Helfern am Ende nur auf 23, und davon waren die meisten Absolventen eines Schulpraktikums und hatten keinen CVJM-Hintergrund. Jetzt hatte ich ein echtes Problem. Mit 97 Freiwilligen, meist Skandinavier und Deutsche, waren alle Aufgaben nur mit rotierendem Einsatz und viel Mitarbeiterermutigung zu leisten. Der geplante Schichtdienst und die geistliche Dienstgemeinschaft waren im Eimer. Wir übten uns im Lückenspringen. Da mussten plötzlich 7.000 Portionen Essen ausgeteilt werden, weil die Firma das trotz Vertrag nicht leisten konnte oder wollte. Neben der Einlasskontrolle am Tage wurden Nachtwachen benötigt, da sich der örtliche Sicherheitsdienst als zu teuer herausstellte. Auch das Müllproblem löst sich bei einer Jugendveranstaltung nicht von allein, also musste ich meinen besten Mitarbeiter als Müllkoordinatoren einsetzen. Nachts tauchten dann noch zusätzliche Probleme auf: In einer Schule mit 500 internationalen Gästen sprach niemand englisch – und von den Gästen beherrschte niemand die tschechische Sprache. Zu allem Überfluss reichten auch die Betten nicht. Die verantwortliche Mitarbeiterin musste ich mit einem Weinkrampf nachts um 2:00 Uhr dort abholen, aber durch wen sollte ich sie ersetzen? Dann wieder eine Schreckensmeldung: Es sind drei Fahrzeuge gestohlen worden. Polizei. Warten. Deutsche Botschaft. Warten. Polizei. Warten – ohne Erfolg. Schließlich wurde eine neue Parkordnung eingeführt: Alle Fahrzeuge wurden so dicht aneinander geparkt, dass man keines wegfahren konnte; das älteste Auto ganz zum Schluss der Reihe. Endlich Nachtruhe, dachte ich, nachdem auch dieses Problem gelöst war. Doch da erhielt ich einen Anruf aus Schule 9: Schlägerei mit Betrunkenen, Anwohner protestieren, mischen sich ein – wieder Polizeieinsatz.

Es waren sechs Tage ohne Regen. Eigentlich traumhaft für ein Festival. Aber die Hitze machte allen zu schaffen. Zum Glück kam die Feuerwehr und überzog den Platz per Sprühpistole mit einem feinen Wasserfilm – zur Gaudi der Jugendlichen, die sowieso kaum noch etwas anhatten. Eine aufgebrachte ältere Engländerin beschimpfte uns: Die Mitarbeiter möchten gefälligst dafür sorgen, dass die Mädchen nicht so unzüchtig herumlaufen! Ich hatte weder Sinn noch Zeit für neue Kleidervorschriften, denn ich musste in die Altstadt. Am nächsten Tag sollten alle Teilnehmer zu einem Höhepunkt auf dem Altstädter Markt zusammenkommen. Zwei verkehrsreiche Straßen mussten dazu überquert werden, weitere sieben Straßen waren kurzzeitig für den Verkehr zu stoppen – natürlich von unseren Mitarbeitern, wem sonst? Da wir eher zufällig einige orangefarbenen Ordnerwesten bei uns hatten, mussten die für die Koordination der Massen herhalten. Während die riesige Völkerwanderung im Gange war, kam plötzlich ein deutscher Begleiter total aufgebracht auf mich zu und beschwor einen großen politischen Skandal herauf: Deutsche Ordnerwesten auf Prager Straßen! Ob ich denn den Weltfrieden gefährden wolle?

Und zu allem Übel passierte mir just in diesem Moment ein Missgeschick, das ich sonst locker weggesteckt hätte, eine Lappalie eigentlich: Meine rechte Sandale gab den Geist auf. Der Riemen war gerissen und ich konnte nur noch mühsam ins Versorgungszelt schlurfen. Da war nichts mehr zu reparieren. Verzweifelt dachte ich nach. Ich konnte doch jetzt nicht in die Stadt gehen, um mir neue Schuhe zu kaufen! Meine wetterfesten Sportschuhe lagen schon seit Tagen ungenutzt im Quartier, doch dort kam ich tagsüber nicht ran.

So kam es, dass ein kleiner Sandalenriemen das Fass zum Überlaufen brachte. „Gott, ich kann nicht mehr!“, sagte ich. Da wurde Ulrike, die im Versorgungszelt arbeitete, auf mich verzagtes Häuflein aufmerksam und meinte, dass hier schon seit Tagen ein paar verstaubte Sandalen herumlägen, die sie schon in den Müll werfen wollte. Und siehe da, sie passten genau und gingen einen super Partnerlook mit meinen staubigen Füßen ein! (Und ich verrate es gern: Die Sandalen habe ich heute noch!) Fröhlich strahlend und hüpfend lief ich zu den feiernden Jugendlichen zurück, die kaum etwas von unserem Mitarbeitermangel mitbekommen hatten, geschweige denn von meinem „Sandalenproblem“. Ich erlebte das Festival wieder mit seinen schönen, bunten und bereichernden Seiten, und ich bin überzeugt, wir brauchen ein weiteres Festival für die CVJM-Jugend Europas.

Nach diesen stressigen Tagen war Urlaub angesagt. Mit meiner Frau wollte ich Freunde im Osten der USA besuchen und dann mit einem Mietwagen quer durch die Staaten fahren. Das war meiner Frau etwas zu waghalsig: „Können wir uns das denn leisten? Geht es nicht einfacher, im Harz beispielsweise?“ Aber wir hatten die freundliche, fast drängende Einladung schon lang auf dem Poststapel, und deshalb ging es ab zum Flughafen. Aber auf dem Bahnhof Kassel wurden wir mit einer unschönen Nachricht überrascht: Der ICE fiel aus technischen Gründen aus, und ein Ersatz würde erst in 80 Minuten fahren, wenn überhaupt. Unser Berg an Problemen glich dem unserer Koffer und Rucksäcke samt Zelt. Dann tat sich zum Glück eine neue Möglichkeit auf: Mit der Regionalbahn nach Frankfurt und dann mit der S-Bahn zum Flughafen. Zeitlich könnte es klappen. Innerhalb von zwei Minuten fällten wir die Entscheidung – und saßen im Bummelzug. Der hielt natürlich unzählige Male – auch ohne dass jemand zu- oder ausstieg. Unsere Nerven lagen blank. Da meinte meine Frau schon, dass es vielleicht doch nicht sein soll. Nur das gemeinsame Gebet bewahrte uns davor, die Nerven zu verlieren. Endlich Ankunft in Frankfurt – kein Gepäckwagen zu finden – Unterführung – S-Bahn-Fahrt – Flughafen – noch 20 Minuten bis zum Abflug. Geduldiges Einchecken war nicht mehr möglich. Nur unser Gepäck wurde noch schnell entgegengenommen, und die anderen Wartenden sprangen willig einen Schritt zur Seite. Der Sicherheitscheck kam uns so salopp vor, als würden wir durch eine Drehtür schreiten. Dann ein Aufruf. Es ist beruhigend, seinen Namen über Lautsprecher zu hören – man ist nicht namenlos in seiner Verzweiflung … Im Lauftempo ging es zum Gate, der natürlich am letzten Ende des Flughafengebäudes lag. Dort rief uns schon die Stewardess entgegen, ob wir Ehepaar Kaul seien, die Tür würde gleich geschlossen. Wir waren noch gar nicht richtig drin, da begann man bereits mit den Vorbereitungen zum Start. Doch wo waren nur unsere Plätze? „Wir haben keine mehr! Bitte begeben sie sich in die Business Class, dort sind noch Plätze frei.“ Und während wir Deutschland unter uns verloren, saßen wir unter Top-Managern und Models, unter Politikern und Neureichen in bequemen Schlafsesseln, mit auserlesenen Speisen und Getränken, mit heißen Tüchern und einem Begrüßungsgeschenk verwöhnt, und dankten unserem Gott, dass er immer wieder für eine ermutigende Überraschung gut ist. Und die nächste dieser Art (man kann es schon eher als Wunder bezeichnen) erlebten wir, als unser Gepäck tatsächlich in Philadelphia ausgeladen wurde.

Nun wollten wir unseren bestellten Kleinwagen abholen. Als die Dame beim Verleihservice erfuhr, dass wir mit dem Auto quer durch die Staaten bis an die Westküste fahren wollten, blockte sie ab und wollte uns dafür keinen Kleinwagen zur Verfügung stellen. Aber wir seien bescheiden, heuchelte ich. Und beschämt musste ich schließlich zugeben, dass wir für einen größeren Wagen kein Geld hatten. Ich bestand auf meine Bestellung, sie auf den Schutz von Material und Mensch. Schließlich einigten wir uns darauf, dass wir ein Auto nehmen, das nach San Francisco gebracht werden sollte – ein Auto zum Kleinwagenpreis. Dafür ließ ich mich erwärmen, aber als wir den „Schlitten" auf dem Parkplatz stehen sahen, wurde mir ganz heiß. Es war ein Lincoln-Towncar von der feinsten Sorte mit allen Raffinessen! Allein der Kofferraum war so groß, dass meine Frau bequem darin hätte liegen können. An das neue Fahrgefühl musste ich mich erst gewöhnen. Es gab da gewisse Unterschiede zum Trabant. Auf allen Campingplätzen, auf denen wir während unserer Reise übernachteten, hatten wir stets das größte Auto und das kleinste Zelt. Und dann durften wir etwas erleben, was uns in der DDR vierzig Jahre lang verwehrt gewesen ist: fahren, fahren, fahren – bis zum Horizont, tagelang „let's go west"! Durch die Smoky Mountains, den wilden Süden, durch die unendlichen Weiten von Texas bis an die legendäre Interstate One entlang der Pazifikküste und zur Golden Gate Bridge. Wir haben neun Nationalparks besucht, sind von Wölfen, Bären und Dieben verschont geblieben und haben immer wieder gelächelt über unseren Gott, der uns augenzwinkernd begleitete und uns diese Reise scheinbar doch gegönnt hat. Und zu meinen Sandalen: Sie haben nicht nur den Staub der Prager Straßen, sondern nun auch den des Zion-Nationalparks, der Wüste Death Valley und des Grand Canyon angenommen. Noch heute erinnern mich die alten Treter aus dem CVJM-Festivalzelt daran, dass Gottes Humor alles andere als verstaubt ist.

Albrecht Kaul, Stellvertretender Generalsekretär CVJM-Gesamtverband, Jahrgang 1944, Kassel

Licht in der Dunkelheit

Ich erinnere ich mich an die Zeit, als meine Kinder in die Grundschule gingen, vor ihrer Kommunion- und Firmungsfeier standen und ich sehr aktiv in unserer Kirchengemeinde dabei war. Wer sonntags immer zur gleichen Zeit den Gottesdienst besucht, kennt die meisten anderen Kirchenbesucher, zumindest vom Gesicht her.

Eines Tages fiel mir in der letzten Bank ein junger Mann auf, mit weißblond gefärbten Haaren, verschränkten Armen und einem verschlossenen Gesichtsausdruck. Ich lächelte ihn vorsichtig an, und nach längerem Augenkontakt kam ein schüchternes Lächeln zurück. Am Ende des Gottesdienstes sprach ich den jungen Mann an, bevor er sich aus dem Staub machen konnte. Ich erfuhr, dass er Michael heißt, als Krankenpfleger arbeitet und eigentlich mit der Kirche nichts mehr anfangen kann. „Das ist doch alles verlogen, je tiefer ich hineinblicke. Und trotzdem versuche ich immer, das zu finden, was mich doch wieder anzieht und zu irgendwelchen Gottesdiensten lockt. Meist gehe ich jedoch traurig heim“, flüsterte er, und es war mir, als wäre er selbst über seine Aussage erschrocken. Ich hoffte, dass Michael an diesem Tag nicht so traurig war, denn er versicherte mir, am nächsten Sonntag wieder dabei zu sein.

So entstand eine gute Bekanntschaft, auch mit unserem damaligen Pfarrer, aber die gewisse Grundskepsis, gegen die ja weiter nichts einzuwenden war und auch ist, blieb bei Michael. Wir trafen uns zu Stadtfesten, ich lieh mir sein Auto aus, er machte die Fortbildung zum Intensiv-Krankenpfleger. Wir unterhielten uns ganz viel über Gott und die Welt. Und so wurde eine sehr tiefe und wichtige Freundschaft daraus, die bis heute erhalten geblieben ist.

So trafen wir uns auch zu dieser einen „Blauen Nacht“ in Nürnberg, um durch die Stadt zu bummeln, die unterschiedlichen Menschenmassen auf uns wirken zu lassen, Bier zu trinken und Burger zu essen. Zum Abschluss wollten wir noch – nachdem wir bereits mehrere unterschiedliche, zauberhaft beleuchtete Kirchen besucht hatten – in die neu renovierte St. Klara-Kirche gehen, um dort die Musik und das Licht auf uns wirken zu lassen.

Viele Kerzen brannten dort, es roch nach Weihrauch, und die Atmosphäre von St. Klara ist einfach schwer mit Worten zu beschreiben. Manche Menschen würden sie vielleicht als „Kraftort“ bezeichnen.

Michael und ich saßen dort, und ich schloss ausatmend die Augen, um dem Augenblick Raum zu lassen und zu geben. Es war einfach ein Genuss, wie losgelöst, voll Vertrauen zu atmen und zu genießen und Gott zu spüren. Ich hatte keine Empfindung mehr für Zeit und Raum. Alles war einfach ein Sein.

Durch die geschlossenen Augen spürte ich auf einmal, dass es hell wurde, aber ich ließ mir Zeit damit, die Augen zu öffnen. Zu meinem Erstaunen hatte sich die Dämmerung in der Kirche nicht verändert. Da blickte ich zu meinem ebenfalls in sich versunkenen Freund und sah, dass dieses gewisse Licht von ihm auszugehen schien. Er leuchtete – auch wenn das gerade unvorstellbar erscheint. Verwirrt zwinkerte ich und schloss noch einmal die Augen. Als ich sie wieder öffnete, lächelte mich Michael an und flüsterte: „Gerade ist irgendwas in mir passiert! Keine Ahnung, aber ich fühle mich so warm und erfüllt!“ Das Licht war wieder weg, und wir verabschiedeten uns kurz darauf mit einer herzlichen Umarmung. Ich war mir sicher, einer Einbildung erlegen zu sein.

Eines steht auf jeden Fall fest: Seit diesem Abend stand für Michael nie wieder die Kirche als Institution an oberster Stelle, sondern immer unser liebender Gott und Jesus Christus. Michael schloss sich ein paar Monate später einer Bruderschaft an und ist nun mit Herz, Geist und all seiner Einsatzkraft Mönch geworden, ein Berufener. Bei seiner ewigen Profess ist mir das Licht in St. Klara eingefallen und ich habe glücklich gelächelt, weil ich das Wunder gesehen hatte.

Angelika Ledenko, Heilpraktikerin, Jahrgang 1955, Fürth

Die stillen Wunder im Leben

Wenn man an ein Wunder denkt, dann kommt einem zuallererst etwas Großes in den Kopf. Eines der sieben Weltwunder zum Beispiel oder ein Ereignis, das die Massen bewegt. Das folgende Erlebnis handelt von einem Wunder im Stillen, welches ich auch erst so richtig im Nachhinein als Wunder erkennen konnte.

Mein Vater kam aufgrund eines Schwächeanfalls ins Krankenhaus und nach kurzer Beobachtung dort auch auf die Intensivstation. Er hatte schon länger mit einer Lungenfibrose zu kämpfen und nun machte ihm auch noch sein Herz Schwierigkeiten. Das Herz konnte durch einen Schrittmacher wieder gefestigt werden, aber die Lunge war und blieb sein großes Problem. Er musste intubiert und ins künstliche Koma gelegt werden. Kurz darauf machten uns die Ärzte schon nicht mehr viel Hoffnung. Es müsse schon ein Wunder geschehen, damit er sich wieder stabilisieren könne.

Wir beteten, dass mein Vater nicht einfach so, ohne uns noch einmal gesehen zu haben, sterben muss. Mir ging so vieles durch den Kopf – noch so vieles, was ich ihm sagen und wofür ich ihm vor allem danken wollte.

Und dieses Wunder geschah! Seine Werte wurden besser, und nachdem er in eine Spezialklinik gekommen und der Tubus von seinem Mund in den Hals verlegt worden war, konnte er aus dem künstlichen Koma zurückgeholt werden. An die Wochen, in denen er im Koma lag, hatte er hinterher keinerlei Erinnerung mehr. Vater war wieder bei vollem Bewusstsein, konnte aber durch den Luftröhrenschnitt nicht sprechen und versuchte, mit seinen Händen und durch Aufschreiben zu kommunizieren, was sich manchmal nicht einfach gestaltete.

Die folgende Zeit war ein ständiges Auf und Ab. Eine Zeit des Hoffens und Bangens, aber es war auch eine Zeit des Abschiednehmens. Vater hatte sein ganzes Leben für uns gesorgt und alles Schlimme von uns ferngehalten, und so war es auch noch in seinen letzten Tagen. Er wollte uns noch unterstützen bei Dingen, die zu regeln waren, und hat uns an Geburtstage erinnert. Trotz seiner schlimmen Lage hatte er ein großes Vertrauen auf Gott. Wenn es seine Kraft zuließ, schrieb er auf einen Zettel. Es waren unter anderem auch Worte des Trostes, die uns Kraft gaben. Das hatte er bereits sein ganzes Leben lang getan. „Es könnte schlimmer sein." oder „Sorget euch nicht!" waren bestimmende Sätze in seinem Leben. Passend zu diesen Aussagen ist sein Konfirmationsspruch, aus dem er immer wieder Kraft geschöpft hat: „Gedenke an den Herren in all deinen Wegen, so wird er dich recht führen" (Sprüche 3,6). So *wunder*bar wie er in seinem Leben für uns war, hat er uns selbst in seiner aussichtslosen Lage geholfen. Es war zeitweise auch ver*wunder*lich, wie er diese ganze Last getragen hat, ohne jemals zu jammern oder sich zu beschweren. Auf *wunder*same Weise konnte er das alles ertragen und selbst noch so viel Kraft und Trost an uns weitergeben.

Er verstarb einen Tag vor Heiligabend. Und so schlimm diese Vorstellung auf den ersten Blick sein mag, so schön ist diese auch. Ich glaube, mein Vater hat sich diesen Zeitpunkt ausgesucht, weil er wusste, dass wir als Familie jedes Jahr um diese Zeit zusammen sind.

Uns Erwachsenen mögen kindliche Vorstellungen von Wundern etwas phantastisch erscheinen, da wir oft nicht mehr die Unbeschwertheit eines Kindes besitzen und sie nicht mehr nachvollziehen können. Und doch sind diese Vorstellungen oft voller Hoffnung und Zuversicht auf das ewige Leben. Meine Nichte ging, auf die Nachricht hin, dass Opa jetzt im Himmel sei, zum Fenster und sagte: „Wir brauchen jetzt ein Auto." Auf Nachfrage, warum, meinte sie: „Damit wir den Opa wieder vom Himmel herunterholen können." Mein Patenkind bewunderte am Abend die untergehende Sonne am Horizont, die den Himmel in ein wundervolles rot-orange-lila tauchte. Davor zeigte sich ein Wolkenbild, das wir selbst als Erwachsene bisher so noch nicht gesehen haben, und er sagte: „Den Himmel hat Opa so bunt gemacht, damit es jeder sehen kann".

All diese Vorstellungen können uns, obwohl (oder gerade wegen) ihrer kindlich-naiven Weise, als Vorbild dienen für den Glauben an die Auferstehung eines geliebten Menschen, und sie vermögen uns Trost zu spenden.

Mein Vater hat viele kleine, stille Wunder vollbracht. Durch seine herzliche, liebevolle, humorvolle und gastfreundliche Art hat er viele Menschen berührt, was in zahlreichen ergreifenden Kondolenzschreiben zu seinem Tod zum Ausdruck gebracht wurde – verbunden mit vielen schönen Erinnerungen, durch die er in den Herzen und Gedanken vieler Menschen weiterlebt.

Sein ganzes Leben hat er seiner Familie, seiner Frau und uns Kindern gewidmet. Er durfte sogar noch seine drei wunderbaren Enkelkinder kennenlernen und mit ihnen Zeit verbringen. Und das war eigentlich noch ein weiteres Wunder, das bereits einige Zeit vor seinem langen Krankenhausaufenthalt stattgefunden hat, denn die Lebenserwartung nach Bekanntwerden einer Lungenfibrose (im Falle meines Vaters vor etwa zehn Jahren!) beträgt etwa normalerweise nur etwa zwei bis fünf Jahre.

Egal wann es passiert oder wie viel Zeit man noch zusammen hat (oder nicht mehr hat): Wenn man einen geliebten Menschen verliert, gibt es keinen *richtigen* Zeitpunkt. Dennoch sind die Erinnerungen etwas Unbezahlbares, die einem niemand nehmen kann.

Wenn die Kraft zu Ende geht, ist Erlösung Gnade. Du warst und bleibst *wunder*bar – Danke für alles!

Kilian Wehrwein, Heilpädagoge, Jahrgang 1990, Wiesenbronn

Wie die Träumenden

An einem warmen Sommertag im Jahr 1957 stieg ein Ehepaar, Mitte dreißig, zusammen mit ihrem kleinen fünfjährigen Sohn in Berlin Tempelhof in ein Flugzeug, das sie in den Westen bringen sollte. Sie waren aus der damaligen DDR geflüchtet und hatten es geschafft, nicht geschnappt zu werden. Schwager und Schwester hatten mit ihrer Tochter bereits vor einigen Jahren in der neuen Heimat auf der Schwäbischen Alb Wohnung, Arbeit und Auskommen gefunden und waren nun behilflich, dasselbe für die Verwandtschaft zu tun.

Die erste Wohnung war im Grunde nur ein größeres möbliertes Zimmer bei einer älteren Dame, mit der sie auch Küche und Bad teilten. Das führte zu einer lebenslangen, guten Freundschaft. Zuerst fand die Frau eine Arbeitsstelle in einer der vielen Textilfabriken in der Region, bald darauf bekam auch der Mann Arbeit, und sie konnten sich eine kleine Dreizimmerwohnung mieten.

Während der nächsten beiden Jahre lernten wir das Ehepaar kennen. An einem Sonntagnachmittag wurden wir nach dem Sommerfest unserer Kinderkirche von ihnen zum Kaffee eingeladen. Im Laufe des Nachmittags erfuhren wir von ihrem großen Kummer: Sie hatten bei der Flucht in den Westen ihre neun Jahre alte Tochter nicht mitgenommen. Auf Anraten der Großeltern war dieses Mädchen bei ihnen in der DDR geblieben. „Wenn ihr Arbeit und Wohnung habt, bringen wir sie euch an Weihnachten." Aber dann wurde in der DDR Ende des Jahres 1957 das Passgesetz geändert, und seither durften die Kinder von Republikflüchtigen nicht mehr in den Westen nachgeholt werden. Den Großeltern wurde mit Gefängnis gedroht, sollten sie versuchen, dem Mädchen zur Flucht zu verhelfen.

Nach diesem Gespräch, das uns sehr bewegte, kam meinem Mann und mir der Gedanke, was wäre, wenn wir als Familie aus dem Westen „drüben“ bei der entsprechenden Behörde anklopfen und um ein Einsehen bitten würden? Wir stellten also einen Einreiseantrag für uns beide. Doch die Genehmigung ließ lange auf sich warten. Sie kam erst Anfang Dezember 1959, kurz vor dem Geburtstermin unseres dritten Kindes. So musste mein Mann alleine fahren.

Die Fahrt war jedoch erfolglos. Auf legalem Weg war für die Tochter keine Ausreise möglich. Dennoch hatte mein Mann Grund, sich nach seiner Rückkehr zu freuen: Er fand seine eigene Familie gleich um zwei Personen vergrößert vor: Wir hatten Zwillinge bekommen. Trotz ihres Kummers freuten sich unsere Freunde mit uns.

Als dann 1961 die Berliner Mauer gebaut wurde, schien alle Hoffnung auf eine Zusammenführung der Familie dahin. „Die Eltern sollen in die DDR zurückkehren“, wurde meinem Mann gesagt, „dann hätten sie ja ihr Kind wieder!“

Im Laufe der nächsten Jahre setzte politisches Tauwetter ein, und die Mutter dufte ihre alte Heimat besuchen. Ihre Tochter war inzwischen sechzehn Jahre alt. Wieder sprachen Mutter und Tochter bei den Behörden vor, wurden aber aufs Neue abgewiesen. Meine Freundin sagte zu dem Beamten: „Selbst wenn Sie uns nicht helfen wollen, wir haben einen starken Gott, der Gebete erhört!“

Der Mann stand daraufhin auf und sagte: „Das wollen wir doch mal sehen, wer hier die Macht hat: Wir oder Ihr lächerlicher Gott!“

Einige Wochen später kamen unsere Freunde zu uns und baten uns, in die DDR telefonieren zu dürfen. Ein Freund der Familie, der „drüben“ wohnte, hatte ihnen eine verschlüsselte Botschaft zukommen lassen. Sie erfuhren nun, dass sich das Mädchen einer Reisegesellschaft angeschlossen hatte und darum bat, dass der Vater doch nach Bukarest käme, um sie herauszulotsen. Er hatte einige Zeit zuvor ganz offiziell einen Familienpass ausstellen lassen, in dem sich ein Foto samt Unterschrift seiner Tochter befand. Die westlichen Behörden sahen darin keinen Verstoß. Ein Visum war schnell beschafft, und nun brauchte er nur noch einen Flug über Wien nach Rumänien zu buchen. Überraschend bekam er einen Sitzplatz im Flugzeug, obwohl dieser Flug zuvor ausgebucht war. Ein paar Tage später erreichte uns eine Postkarte aus Bukarest, unterschrieben von Vater und Tochter. Sie hatten sich also gefunden! „Nächste Woche sind wir zu Hause!“, hieß es auf der Postkarte. Meine Freundin fertigte ein wunderschönes Plakat an: „Herzlich willkommen!“ Mit einer Blumengirlande wurde es an die Tür gehängt. Dort hing es eine Woche. Die Blumen fingen an zu welken. Noch eine Woche, drei, vier Wochen – kein Lebenszeichen, keine Nachricht.

Im Hauskreis beteten wir währenddessen regelmäßig. *Gott, hörst du uns? Hilf doch!*

Als ich eines Abends vom Hauskreis nach Hause kam, schlug ich, ohne nachzudenken die Bibel auf. Mein Blick fiel auf die Geschichte von Petrus im Gefängnis. Mir kam eine seltsame Erkenntnis: Vater und Tochter sind eingesperrt worden. Ich begann wieder, für die beiden zu beten und mich erfüllte ein seltsamer Friede.

In Stuttgart hatte der Schwager meiner Freundin einen Rechtsanwalt um Hilfe gebeten. Da es in Rumänien damals keine Deutsche Botschaft gab, hoffte man, über ihn einen Hinweis zu bekommen. Wir konnten einen Termin in der Anwaltskanzlei vereinbaren, und so fuhr meine Freundin an diesem Morgen nach Stuttgart, um diesen Termin zusammen mit dem Schwager wahrzunehmen. In dessen Wohnung angekommen, drängelte dieser: „Beeil dich, der Mann wartet nicht gern!“ Da klingelte plötzlich das Telefon.

Der Schwager schrie fast in den Hörer: „Was? Karl, du?“

Als er das Telefonat beendet hatte, erklärte er die Situation: „Dein Mann und deine Tochter sind auf dem Flughafen angekommen! Wir sollen sie abholen!“

Das Wiedersehen war unbeschreiblich. Als alle zusammen beim Rechtsanwalt eintrafen, konnte der nur ungläubig den Kopf schütteln. In seiner Praxis gab es mehrere solcher Fälle, aber das hatte er noch nie erlebt! Zehn Jahre Gefängnis für den Vater und die Rückführung der Tochter in eine Jugendstrafanstalt der DDR wären die normalen Konsequenzen gewesen. Wie waren die beiden diesem Schicksal entgangen?

Vater und Tochter hatten sich in Bukarest getroffen und sich auf den Weg nach Constanza gemacht. Dort stiegen sie in ein Schiff für westdeutsche Passagiere. Der Vater gab seinen Familienpass ab, denn die Tochter hatte ja ihren DDR-Pass bei der Reisegesellschaft lassen müssen. Das Blatt Papier, welches das Visum enthielt, hatte der Vater zerknüllt dazugelegt, da er die Striche in der Rubrik „Personenanzahl“ noch um einen weiteren ergänzt hatte. Die Visumsbescheinigung wurde zusammen mit dem Pass beim Betreten des Schiffes einbehalten.

Als sie in der Kabine ihr Gepäck abluden, jubelte die Tochter: „Wir haben es geschafft!“

Doch als das Schiff zur angegebenen Zeit nicht ablegte, wurde dem Vater bange. Plötzlich wurden die beiden über die Lautsprecher ausgerufen. Sie sollten zur Passkontrolle kommen.

„Nimm deine Sachen“, sagte der Vater. „Jetzt sind wir dran!“

Und so war es auch. Vor dem Schiff stand schon ein Polizeiauto und brachte sie ins Gefängnis. Es folgten Verhöre – auch nachts. Einmal verlor die Tochter die Nerven und trommelte schreiend gegen die Zellentür. Da öffnete der wachhabende Soldat die Zelle und sagte: „Hab keine Angst, du bist bald mit deinem Vater bei deiner Familie.“

Dem Vater war es währenddessen gelungen, ein neues Testament in seine Zelle zu schmuggeln. Er erzählte später, dass er bei einem Verhör von einem Richter über biblische Dinge befragt wurde. Er staunte über die Bibelkenntnis dieses Kommunisten. Sie wurden bald darauf in ein Flugzeug gesetzt mit dem Hinweis, sie sollten doch bald wiederkommen – als Touristen.

Aus einem Bericht eines lutherischen Pfarrers, der achtzehn Jahre in rumänischen Gefängnissen zubringen musste, erfuhren wir später, dass sich zu dieser Zeit Christen als linientreue Kommunisten ausgaben, um als Gefängnisaufseher oder Juristen ihren Glaubensgenossen zu helfen.

Wir sahen in der ganzen Geschichte Gottes großes Wirken. Am Tag der Zusammenführung in Stuttgart stammte der Losungsvers der Herrnhuter Brüdergemeinde aus Psalm 126: „Wenn der Herr die Gefangenen Zions erlösen wird, werden wir sein wie die Träumenden."

Elisabeth Landenberger, Jahrgang 1931, Zimmern

Wir dürfen wissen, es kommen wieder gute Tage …

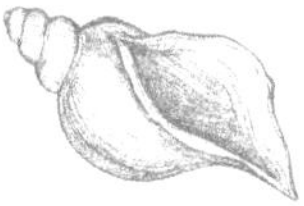

Freitagabend, 28. Juli 2017, der Moment, welcher unser Familienleben (drei Kinder: Salome 16, Aaron 14, Olivia 11) komplett ins Wanken brachte …

Meine liebe Frau (45) war wegen einer diffusen Schwellung im Halsbereich in die Notaufnahme des Krankenhauses gegangen. „Verdacht auf Raumforderung“ hieß die niederschmetternde Erstdiagnose. Es folgten unzählige Untersuchungen und unterschiedliche Versuche von Diagnosestellungen. Letztlich: „Lymphatische Leukämie mit Sekundärtumor“.

Mir war schon immer bewusst, dass ich vor ca. 20 Jahren eine klasse Frau geheiratet hatte. Doch ihre eigentliche Größe entdeckte ich erst in ihrem Umgang mit der Krebserkrankung und ihrem Sterben und Tod.

Mirjam stellte sich der Krankheit, ohne zu vergessen, was ihr wichtig war zu regeln.

Videobotschaft, Bilder, Briefe an jeden unserer Familie. In diesen Zeiten begegnete uns immer wieder unser Trauspruch aus Jeremia 29,11: „Denn mein Plan mit euch steht fest: Ich will euer Glück und nicht euer Unglück. Ich habe im Sinn, euch eine Zukunft zu schenken, wie ihr sie erhofft, das sage ich, der HERR!“ Was sollte da anderes geschehen, als eine Heilung der Krankheit!? Mirjam teilte mir klar mit, dass sie es nicht mag, wenn Bibelverse immer so hingebogen werden, dass sie stets passen! Eine kritische Grundhaltung machte die Art zu glauben von Mirjam aus.

Sie wünschte sich von Anfang an fünf Jahre Lebenszeit, um die Kinder noch durch die Pubertät begleiten zu dürfen. In diesen Zeiten wurde ihr der Song von Andi Weiss: „Ich weiß, es kommen wieder gute Tage“, mehr als wichtig. Und zwar für uns als potentielle Hinterbliebene. Bereits wenige Tage nach Diagnosestellung fing Mirjam an, Verschiedenes zu regeln. Mir machte sie unmissverständlich klar, dass sie mich freigebe und ich nach ihrem möglichen Tod wieder eine Partnerin finden solle. Meine erste Reaktion war ablehnend, doch merkte ich bald, wie wichtig es für sie war, möglichst vieles zu regeln, zu klären und zu besprechen. In diesem Zusammenhang betonte Mirjam mehrmals, dass der Titel: „Ich weiß, es kommen wieder gute Tage" ihr Wunsch für uns ist! Sie ermutigte uns: „Kommt auch wieder hervor aus der Trauer, vergrabt euch nicht! Geht raus, habt Freude am Leben!"

Aus den gewünschten fünf wurden dann leider nur zwei Jahre. Doch die haben wir stellenweise sehr intensiv erleben dürfen. Nach unzähligen Chemotherapien, Stammzellentransplantation und Bestrahlungen teilte der behandelnde Oberarzt uns mit, er wolle noch ein „off label Präparat" (ein Arzneimittel gegen eine Krankheit, für die es von den Zulassungsbehörden keine Genehmigung gibt) als Versuch in Tablettenform zur Behandlung einsetzen. Doch wir hatten bereits für den darauffolgenden Tag eine einwöchige Flugreise als komplette Familie gebucht. „Kein Problem, dann starten wir anschließend", war seine Antwort. Im Nachhinein hat er mir mitgeteilt, dass er es als wichtig erachtete, dass wir diesen Urlaub *zusammen erleben* könnten.

Am Abend und am nächsten Morgen waren wir so unsicher, ob Mirjam überhaupt reisefähig ist. Erbrechen, Schwäche … Ich hatte Angst, Mirjam in diesem Zustand mitzunehmen. Mit ihren Eltern hatte ich mir bereits einen „Plan B" zurechtgelegt: Sie würden bei Mirjam bleiben, während ich mit den Kindern alleine reisen könnte.

Nachdem ich kurz einkaufen war, meinte sie: „Ich habe meine Tasche gepackt, ich reise mit!" Es sollte unser letzter gemeinsamer Familienurlaub werden. Mirjam musste wohl alle ihr zur Verfügung stehenden Kräfte gebündelt haben, anders kann ich es mir nicht erklären, dass wir tatsächlich mit Rail & Fly nach Mallorca reisen konnten. Nach der Hälfte der Woche klagte sie über Schwindel und sah Doppelbilder. In telefonischer Absprache mit dem Oberarzt in Deutschland, wurde Mirjam in ein großes Klinikum in Palma de Mallorca eingeliefert. Die Ärzte dort zeigten sich mir gegenüber sehr besorgt betreffend der weit fortgeschrittenen Krebserkrankung. Mittels eines medizinischen Rückflugdienstes kam Mirjam dann wieder im Uniklinikum in Deutschland an. Ich flog mit den Kindern parallel zurück. Am darauffolgenden Sonntag meinte meine Frau am Telefon, ich solle zügig in die Klinik kommen, die Ärztin habe ihr mitgeteilt, wenn das neue Präparat nicht wirke, könne es schnell gehen …

Daraufhin arbeitete ich ab Montag tagsüber mit Laptop in ihrem Krankenzimmer, ihre Mutter schlief nachts bei ihr. Am Donnerstag, dem Fronleichnamstag 2019, kam noch ihre beste Freundin aus Norddeutschland zu Mirjam ans Sterbebett. Sie spürte das nahe Ende und zog sich rücksichtsvoll zurück. Somit war es mir möglich, meiner lieben Frau bis zum letzten Atemzug ungestört nahe zu sein.

Da Mirjam an so vieles gedacht hatte, wusste ich als Ehemann, was nach ihrem Tod zu tun war. Der Sarg sollte von Kindern und Erwachsenen der Familie und Verwandtschaft bemalt werden. Ein treuer Freund der Familie sollte bei einer großen Abschiedsfeier die Rede halten.

So schmerzvoll der Abschied von Mirjam für uns war und noch immer ist, so dürfen wir doch spüren, dass sich ihr Wunschsong für uns ganz langsam erfüllt. Die guten Tage kommen ganz langsam wieder. Wolken ziehen vorbei. Wenn ich in unserem Haus in der oberen Etage laute Musik unserer Kinder hören kann (und das ist alles andere als klassische Musik!), dann weiß ich, Mirjam freut sich darüber. Genau das möchte sie!

Wir würden diese Zeiten nicht so erleben und überwinden können, wüssten wir uns nicht von unzähligen Verwandten und

Freunden im Gebet getragen. Ich persönlich erlebe unseren Gott hautnah. Er sorgt für uns, und es ergeben sich Dinge, welche deutlich seine Handschrift tragen.

Markus Bähr, stellv. Pflegedirektor, Jahrgang 1964, Bad Teinach-Zavelstein / Emberg

Das Großstadtwunder

Da war er nun also – der entscheidende Tag. Heute sollte das Abschlussgespräch meiner Probezeit im Krankenhaus stattfinden, bei dem sich entscheiden würde, ob Frankfurt tatsächlich meine neue Heimat werden würde. Vor drei Monaten war ich – frisch geschieden – aus einem kleinen Dorf im Westerwald mitten in die Großstadt gezogen und hatte eine Stelle bei der Pflegedirektorin eines Krankenhauses angenommen. „Schwester Johanna“ war Diakonisse und neben ihrer Tätigkeit als Pflegedienstleitung auch Oberin von mehr als 20 Diakonissen. Eine Freundin hatte mir die Stellenanzeige im Sommer mit den Worten geschickt: „Hier, schau mal, vielleicht ist das was für dich. Ich habe irgendwie den Eindruck, Gott möchte dich dort haben.“

Jahrelang hatte ich immer wieder betont, dass ich mir „nie“ vorstellen könnte, in der Stadt zu leben, aber nachdem mein idyllisches Landleben zu Bruch gegangen war, war es mir irgendwie egal, wo ich letztlich landete. Ich wollte einfach nur weg aus dem Westerwald und irgendwo neu starten. Also hatte ich mich beworben – und hörte erst mal zwei Monate lang gar nichts. Dann aber ging alles ganz schnell: ein Anruf aus Frankfurt, zwei Tage später ein Vorstellungstermin und weitere zwei Tage darauf dann die Zusage. Da ich im Westerwald bei Freunden wohnte, musste ich keine Kündigungsfristen einhalten, hatte nach weiteren zehn Tagen alle Zelte in der alten Heimat abgebrochen und war mit Sack und Pack ins Schwesternwohnheim des Krankenhauses gezogen. Dort war „zufällig“ noch eine Wohnung frei – genau gegenüber von meinem neuen Arbeitsplatz.

Alles war perfekt gelaufen, und ich bekam nach vielen Monaten des Wartens nun endlich den erhofften Neustart. Wie lange hatte ich Gott angefleht, er möge mich doch aus der alten Heimat in ein neues Leben ziehen lassen. Die Scheidung hatte sich schon länger abgezeichnet, aber es gab einfach kein grünes Licht von Gott. Ich musste warten, bis sie rechtskräftig war, bevor es für mich weiterging. Gott schien auch hier erst dann ein neues Kapital aufzuschlagen, nachdem das alte beendet war, auch wenn ich das nicht verstand.

Schwester Johanna und auch die Schwesternschaft boten mir ein herzliches Willkommen, und ich hatte gleich am ersten Tag den Eindruck, am richtigen Platz angekommen zu sein. Dennoch saß ich am Abend meines ersten Arbeitstages heulend in meiner Wohnung. Ich war einsam und fühlte mich plötzlich „mutterseelenallein“. *Was hatte ich da bloß angestellt – ich kannte doch niemanden in Frankfurt, hatte keine Gemeinde, keine Freunde, und die Familie war weit weg. Was, wenn es schiefgehen würde mit dem Job? Was, wenn ich die Probezeit nicht überstehen würde … ich war so lange schon aus dem Beruf … wo sollte ich dann hin?* In die alte Wohnung konnte ich definitiv nicht zurück. Die Wogen schlugen über mir zusammen, und der ganze Stress der letzten Wochen brach sich Bahn. Eine Weisheit der Indianer besagt: „Wenn du an einen neuen Ort gelangst, warte. Es braucht Zeit, bis die Seele nachkommt.“ Meine Seele war noch immer im Westerwald und brauchte noch Zeit, um all die äußeren Veränderungen zu verarbeiten. Ich ließ den Tränen freien Lauf, bis sie von selbst versiegten. Anschließend fühlte ich mich unglaublich leer, aber auch irgendwie „gereinigt“ und „geklärt“. Das tat einfach gut.

In den nächsten drei Monaten lernte ich Frankfurt kennen – und lieben. Die Stadt hat unglaublich schöne Ecken, wenn man sich mal auf den Weg macht, und mit meinem neuen Fahrrad war das alles kein Problem. Ich fand eine tolle und lebendige kleine Gemeinde, in die ich genau reinpasste, und Menschen, die mir in vielerlei Hinsicht zur Heilung wurden. Die Arbeit im Sekretariat machte mir viel Freude, und in der Wohnung fühlte ich mich wohl – ich wollte gerne nach der Probezeit bleiben.

Dann war er da – der entscheidende Tag meines Abschlussgesprächs. Mit gemischten Gefühlen machte ich mich auf den Weg zu Schwester Johanna, die mit mir den Bewertungsbogen durchgehen wollte. Ich habe den Zettel heute noch: Es war ein glatter „Einser-Bewertungsbogen“ mit zwei zusätzlichen Sätzen am Ende, die mich noch immer berühren, wenn ich sie lese. Sie wollte natürlich wissen, wie ich unsere Zusammenarbeit sehe und ob ich gerne bleiben möchte, denn sie wollte mich sehr gerne als Sekretärin behalten. Nachdem ich ihr sagte, dass auch ich sehr glücklich und zufrieden mit ihr als Chefin wäre, blickte sie mich an und fragte: „Wollen Sie denn gerne mal wissen, warum Sie überhaupt den Job bekommen haben?“

„Klar“, sagte ich.

„Ich hatte ein Nachtgesicht“, antwortete sie.

„Sie hatten … was?“, rutschte mir gleich heraus. Ich hatte durchaus schon von „Nachtgesichten“ gehört, aber einen solchen Satz aus dem Mund einer Diakonisse zu hören, war mir doch ziemlich fremd.

„Als ich von meiner USA-Reise zurückkam, hatte ich einen großen Stapel Bewerbungen auf meinem Schreibtisch liegen – vorsortiert vom Verwaltungsleiter mit allen möglichen Kommentaren. Ich habe dann gebetet: ‚Herr, wer soll denn hiervon meine engste Mitarbeiterin werden? Wie soll ich das entscheiden? Du musst mir das zeigen.‘ Dann bin ich zu Bett gegangen und hatte in der Nacht im Traum ein Passfoto vor Augen von einer jungen Frau. Ich habe dann am anderen Morgen alle Bewerbungen nach diesem Foto durchgesehen und Sie dann angerufen. Ich wollte Ihnen das nicht vorher sagen, um Sie nicht zu beeinflussen. Erst wollte ich hören, ob Sie auch von sich aus bleiben möchten.“

Mir lief es eiskalt den Rücken herunter, und die Tränen schossen mir in die Augen. Ich hatte so lange gejammert und geklagt, dass Gott mich nicht sehen und nichts für mich tun würde – dabei hatte er bereits Wochen und Monate vorher in Frankfurt alles für mich vorbereitet. Ich hab mich plötzlich so geschämt, dass ich so wenig vertraut habe und war zutiefst berührt von diesem übernatürlichen Eingreifen Gottes.

Ich musste natürlich mit meiner Beurteilung dann auch noch zum Verwaltungsdirektor. Er beglückwünschte mich zu dem Ergebnis, sah mir in die Augen und sagte: „Ich muss Ihnen jetzt mal etwas sagen. Ganz ehrlich, ich hätte Sie nicht eingestellt. Wir hatten so viele qualifiziertere Bewerberinnen – Sie waren ja lange aus Ihrem Beruf draußen. Ich hatte, während Schwester Johanna im Urlaub war, schon eine Vorauswahl für sie getroffen, aber sie wollte unbedingt Sie haben. Und wissen Sie, warum? Sie hat gesagt, Gott hätte ihr das gesagt. Was sollte ich denn da noch als Gegenargument vorbringen?"

Ich musste dann doch ein wenig grinsen. Er hatte sich eine solche Arbeit gemacht mit seiner Vorauswahl der Bewerberinnen und Schwester Johanna hatte – wie sie mir später irgendwann einmal erzählte – nicht einen einzigen Blick in all die Sachen geworfen, die er rausgesucht hatte. Auch meine Bewerbungsunterlagen hat sie sich nie wirklich angeschaut, sondern auf Gottes Anweisung vertraut und mich einfach angerufen und zum Vorstellungsgespräch eingeladen. In all den Jahren unserer Zusammenarbeit war sie mir damit ein großes Vorbild, und ich behalte sie in Erinnerung als eine Frau, die immer mit Gottes Reden und vor allem auch mit seinem Eingreifen rechnete.

Inge Frantzen, Sekretärin, Jahrgang 1964, Kelsterbach

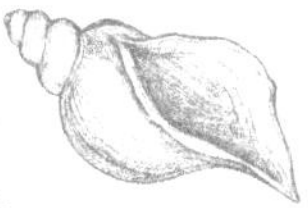

Wenn andere an dich glauben, wenn du selbst es nicht kannst

In meinen Träumen sollte 2016 ein tolles Jahr werden. Der Auftakt war gesetzt, als über 2.500 junge Menschen aus 50 Nationen auf dem von mir geleiteten Kongress miteinander sangen „We are family“. Es gab nichts Schöneres für mich, als in junge Menschen aus Europa zu investieren. Ich hatte meinen Traumjob und lebte meine Berufung! Natürlich gab es bei solch einem Projekt mit so vielen Menschen und Nationen etliche Herausforderungen und Spannungen, aber die Freude und Begeisterung überwogen. Ich hatte das Projekt für meine Berufung gefunden oder besser: Es hatte mich gefunden.

Und dann kam ein Anruf im April 2016, in dessen Verlauf man mir dankte, aber auch bestimmt mitteilte, dass meine Leitung nicht mehr erwünscht sei. Ich war geschockt und fassungslos. *War so etwas rechtens? Von einem Tag auf den anderen? Welche Zeichen hatte ich übersehen?* Es hatte vorher schon mal Spannungen gegeben, aber ich hatte sie nicht als so ernst gesehen. Wer Jugendarbeit macht, weiß, dass manches einfach nicht verstanden wird. Meine fast 10jährige Tätigkeit in diesem großartigen Jugendprojekt, das ich mitgründen durfte, fand ein abruptes Ende. Gedanken und Gefühle stürzten auf mich ein wie heiße Lava aus einem frisch ausbrechenden Vulkan. Ich wurde überrollt. Ich fühlte mich als der größte Versager und vergoss Tränen über Tränen. Ich checkte einfach nicht, wo es falsch gelaufen war und ging mit mir selbst hart ins Gericht.

Tausende von unkoordinierten Gedanken wirbelten in meinem Kopf herum. *Müsste ich jetzt Europa verlassen, um woanders wieder neu anzufangen? Würde noch jemand mit mir zusammenarbeiten wollen? Und was bin ich nun ohne diese Position? Würden*

Menschen einfach auch mit Evi zusammenarbeiten wollen, ohne dass sie noch einen Titel trägt? Was würde mir noch Antrieb und Freude geben können? Darf ich überhaupt noch etwas leiten? Und das als Frau? Wo war überhaupt Gott in all dem? Und was werden die jungen Menschen jetzt denken, die sich von mir im Stich gelassen fühlen? Wie bei einer Achterbahnfahrt wirbelten die Gedanken ungebremst durch meinen Kopf.

Viele trostlose und depressive Gedanken plagten mich, fast ein ganzes Jahr. So manche Nacht lag ich wach und grübelte, weinte, zweifelte. Aber mir war wie nur ganz selten bewusst: Ich war nicht allein.

Menschen hatten mich verletzt, aber Menschen waren es auch, die mich durch den Schmerz und Verlust „durchliebten", mir zur Seite standen und zur rechten Zeit in den Hintern traten, mich nicht lange im Selbstmitleid suhlen ließen …

Ich verdanke hier besonders zwei Menschen so viel. Sie waren neben meiner Familie und etlichen Freunden ein Geschenk Gottes. Sie ließen mich nicht los, obwohl ich mich selbst losgelassen hatte.

Diese beiden Männer, ca. 20 Jahre älter als ich, glaubten bedingungslos an mich und wussten, dass weder meine Berufung noch meine Identität durch den Rausschmiss in Frage gestellt waren. Positionen, sagten sie, sind von Menschen gegeben, aber es ist Gott, der mich definiert und beauftragt.

Sie ertrugen meine Tränen, Zweifel und Hoffnungslosigkeit, und wenn ich nicht weiterwusste, glaubten sie für mich, eröffneten mir Perspektiven und gaben mir Möglichkeiten, meine Gaben einzusetzen. Sie ließen mich weinen und meine Wunden lecken, aber zeigten mir auch Wege der Heilung auf.

In den ersten Tagen und Wochen whatsappte mir Bob aus England fast täglich und listete gute Gründe auf, um aus dem Bett aufzustehen. Manche seiner ironischen Wortwitze ließen mich lachen, und schon ging es mir ein bisschen besser. Und manchmal war es auch die Kombination aus Schokolade und einem Bierchen, was er therapeutisch anwies. Bob war es so wichtig, dass ich diese Situation richtig und gut verarbeitete, dass seine Stiftung sogar einen Flug nach England übernahm, wo ich einen wegweisenden Nachmittag mit einer Psychologin hatte. Ich konnte kaum glauben, dass jemand so etwas ausgerechnet für mich überhaupt machen könnte und würde.

Der andere Freund, Greg aus den USA, war fest entschlossen, mir eine Brücke zu bauen, wo ich nicht weitersah. Ende Mai 2016 saß ich in seinem Büro und er las mit mir aus der Apostelgeschichte vor. Ich war noch wie betäubt, konnte wenig vom Wort Gottes mitnehmen und wusste nicht, welchen Weg ich einschlagen würde. Tränen hatte ich gerade auch keine mehr. Ich war wie leer. Während Greg mir aus der Bibel vorlas, fing er an, sehr zu weinen. Das hatte ich noch nie bei ihm erlebt und überhaupt nicht erwartet. Ich war perplex. *Wieso weinte er so?* Er beschrieb mir: „Ich spüre den Schmerz Gottes, den er über deine Situation empfindet". *Echt jetzt?* „Du stehst an einer Kreuzung, und ich wünsche dir, dass du geradeaus weitergehst und dich nicht für Sackgassen entscheidest".

Bin ich Gott so wichtig, dass er Greg gebraucht, um mir zu helfen, den richtigen Weg zu finden? Bin ich Gott so wichtig, dass er jemand anderen um mich weinen lässt? Irgendwie unglaublich und doch war es ein so großer Trost für mich. Wenn ich zurückschaue, dann sind es solche Momente, die mich unglaublich dankbar sein lassen. Ich war Gott nie egal. Und das stellte er immer wieder neu unter Beweis.

Gott war es, der diese Männer in mein Leben stellte und sie zum großen Segen für mich werden ließ. Gott glaubte an mich, und diese Männer waren die Werkzeuge, die er gebrauchte, um es mir immer wieder neu zuzusprechen. Diese Situation hat so manche Narbe in meinem Leben hinterlassen, aber heute bin ich der Überzeugung, dass diese Narben mich nicht hässlicher, sondern wertvoller machen. Ich kann sie nicht auslöschen, sondern habe sie als Teil meiner Biografie akzeptiert. Ich wünsche mir, dass dieses einschneidende Erlebnis mich immer wieder dazu ermutigt, selbst für andere einzustehen, die in ihrem Leben und auch in ihrem Verantwortungsbereich Schmerzen erleiden. Ich möchte dabei helfen, dass offene Wunden sich schließen und die Narben andere Menschen wertvoller machen.

Ich habe neu gelernt, wie unbedeutend für Gott eine Position ist. Für ihn zählt nur, wie sehr ich ihn liebe und wie unsere Freundschaft aussieht. Ich habe wahnsinnig viel über bedingungslose Liebe und Gnade gelernt.

All die fantastischen tollen Projekte, die Gott mir seit diesem Crash in den letzten Jahren anvertraut hat, sind ein großartiges Geschenk für mich. Unverdient liebevoll. Der Vers aus 2. Korinther 12,9 ist mir zur Realität geworden: „Der Herr hat zu mir gesagt: Du brauchst nicht mehr als meine Gnade. Denn meine Kraft kommt gerade in der Schwäche voll zur Geltung." Deshalb will ich an andere glauben, durch alle Schmerzen hindurch, weil ich zuerst die Empfangende bin.

Evi Rodemann, Theologin und Eventmanagerin, Jahrgang 1971, Hamburg

Schogetten in der Zone

Ich wuchs an der Oder-Neiße-Friedensgrenze auf und war angeblich ein Kind des Sozialismus mit der Sowjetunion als übergroßen Bruder. Viel mehr bin ich die Tochter von Helga und Rainer, habe einen großen Bruder und meine Heimatstadt ist Frankfurt an der Oder.

Meine Geburt war ein so freudiges Ereignis, dass meine Eltern vergaßen, zur Wahl zu gehen. Die Mitarbeiter der Staatssicherheit klingelten und zwangen meine Eltern, für Freiheit und Demokratie zu wählen. Die Wahl war erschreckend einfach. Obwohl es mehrere Parteien gab, hatten alle Genossen und Genossinnen eine zweite Mitgliedschaft in der SED. Die Entscheidung zwischen Bauernpartei, Kommunistischer Partei oder Liberaldemokratischer Partei mündete immer in die SED. Der Staatsratsvorsitzende dankte dem Volk und freute sich über 99 % Zustimmung.

Als Schulkind fragte ich mich, warum die Partei nicht zu 100 % gewählt wurde. *Wer waren diese 1 % Menschen, die sich nicht für Honecker und seine Bonzen entschieden? War es eine Alibi-Zahl, um der Welt zu zeigen, dass die DDR keine Diktatur war?*

Die Hälfte unserer Verwandtschaft lebte im faschistischen Westen und schickte uns regelmäßig Pakete mit Schogetten und Scheibletten. Aus Briefen erfuhren wir, dass sie auch Comics und Gummibärchen hineingetan hatten, aber offensichtlich wollte uns der Grenzschutz vor dem imperialistischen Gedankengut und Geschmack schützen und so steckte er sich die Sachen in seine eigene Tasche.

Schon als Kind wusste ich, dass man die DDR und ihr Programm nicht ernst nehmen konnte. Die Partei proklamierte: „Von der Sowjetunion lernen, heißt siegen lernen!“

Das Volk nuschelte: „Von de Swjetion lern, heißt siechen lern."

Man nahm der DDR-Führung ihre bolschewistische Elternrolle nicht ab. Margot Honecker war eine Schreckensfigur, und nach der Wende erfuhr man, was sie unter Umerziehung verstand: Zwangsadoptionen und Jugendgefängnis.

Das Bildnis des ersten Sekretärs des Zentralkomitees prangte in jedem öffentlichen Raum, ob Schule, Post, Bibliothek oder Jugendklub. Wie eine Ikone hing Erich Honeckers Porträt an der Wand und verfärbte sich in den 18 Jahren seiner Regierung von einem Hautton ins gelbgrüne. Keiner konnte ihn leiden, denn die Menschen wussten, dass sich die Staatsriege in ihre Jugendstilschlösser mit kapitalistischen Möbeln verkroch. Zur Jagd ging EH in die Schorfheide, und wenn wir dort spazieren waren, zeigten unsere Freunde mit dem Finger durchs Geäst und sagten: „Dort, ganz dort hinten, hinter den Zäunen steht Honis Villa."

Einmal schrieb meine Mutti Honecker einen Brief. Sie wollte ihre Mutter in Ludwigshafen zum Geburtstag besuchen, aber die Ausreise wurde abgelehnt. Niedergeschlagen kam meine Mutti aus dem Amt, und ich weinte, weil sie weinte. Ob Honi den Beschwerdebrief je gelesen hatte?

Manchmal habe ich mir vorgestellt, wie es wäre, meine Oma zu besuchen. Einfach so!

Einmal im Jahr reiste dann immerhin meine Oma zu uns und zahlte für jeden Besuchstag 20 DM. Bei 21 Tagen und einem Wechselkurs von 1:5 blechte sie satte 2.100 Ostmark für ihren Aufenthalt in der DDR. Ein Höhepunkt bei jedem Besuch war der Ausflug in den Intershop. Die Menschen gingen in diesen Laden wie in ein Museum und bestaunten die Westware in den Regalen. Ich durfte mir eine Barbiepuppe aussuchen und mein Bruder Schallplatten.

Monatelang hatten wir Zeit, uns auf den Besuch zu freuen, und wenn Oma dann endlich da war, zählten wir wehmütig die gemeinsamen Tage. Der Abschied war immer schwer und wir fanden Trost im Miteinander der Familie. Man hielt zusammen. Die Väter machten aus Scheiße Gold, indem sie ihre Talente tauschten. Mein Papa baute Türen für seinen Cousin, dafür verlegte der Onkel die Elektrik in unserem Haus. Man tauschte Äpfel gegen Kartoffeln, Fliesen gegen Zement, Schaumküsse gegen Ketchup. Denn man konnte sich nicht kaufen, was man brauchte.

Manchmal blätterte ich sehnsüchtig durch einen alten Versandhauskatalog und erträumte mir pipimachende Babypuppen und neonbunte Filzstifte. Mein Bruder markierte Kassettenrekorder und Turnschuhe. Wir hegten und pflegten diesen Katalog über Jahre und schauten ihn wie ein Bilderbuch an.

Dabei wurden wir beobachtet. Der Westbesuch und unsere Kirchenzugehörigkeiten machten unsere Familie für die Stasi verdächtig. Als wir nach einem Ausflug nach Hause kamen, erkannte meine Mutti sofort, dass etwas anders im Wohnzimmer war. Sie richtete die Sessel immer mit den Rückenlehnen zum Fernseher aus, sodass man sich unterhalten konnte und dabei nicht in die Glotze guckte. Aber nun standen die Sessel einladend für einen Fernsehabend bereit. *Was haben sie gesucht? Bedrohten Otto-Katalog und Luther-Bibel den antifaschistischen Schutzwall?*

Nach der Wende sichteten meine Eltern ihre Stasi-Akte. Für viele war das ein traumatisches Erlebnis, denn Vertraute hatten das Leben des anderen gewissenhaft dokumentiert.

Weil Religion Opium fürs Volk sei, so behauptete es zumindest Karl Marx, wurden Gläubige belächelt und verachtet.

Während meine Mitschüler vorbildliche Thälmannpioniere waren und sich in einer AG für eine bessere Zukunft einsetzten, ging ich in die Christenlehre. Meine Klassenkameraden machten ihre Witze und fragten, wo denn dieser Gott sei. Schließlich hatte selbst der Kosmonaut Juri Gagarin keinen gesehen. Wenn die Lehrerin diese Hänseleien mitbekam, nahm sie mich aber, Gott sei Dank, in Schutz. Auch ohne Pionierabzeichen war ich eine gute Schülerin. Ich liebte die Geschichten über Jesus, dem Friedefürsten, Menschenfreund, Herzenskenner.

Meine Eltern gehörten zum Freundeskreis der Herrnhuter Brüdergemeinde, und weil es nur wenige Christen gab, zogen Prediger von Ort zu Ort. Wenn sie in den Oderbruch kamen, übernachteten sie bei uns. Ich setzte mich zu den Erwachsenen und lauschte den Gesprächen, bis mich meine Mutti ins Bett schickte.

Die Herrnhuter losen jährlich Bibelstellen für ihr Losungsbuch aus. Als der Vers „Mit meinem Gott kann ich über Mauern springen" (Psalm 18,30) ausgelost wurde, wurde er von der Regierung verboten. Eine gottlose Regierung fürchtet einen Bibelvers. Mich freute der Gedanke, dass die Herrn Genossen Angst hatten. Offenbar gab es etwas, das sie nicht mit Selbstschussanlagen, Bespitzelung und Gängelung kontrollieren konnten.

„Schwerter zu Pflugscharen" war ein Motto meiner Jugendtage, und dieses Bild haftet in meiner Erinnerung: Ein Mann pflügt einen Acker mit einem ehemaligen Schwert. Wie lassen sich Maschinengewehre und Panzer umbauen, um das Land zu kultivieren? Die Friedensbewegung trieb die Menschen auf die Straße. Freiwillig. Leidenschaftlich. Mutig. Das stand im Gegensatz zu den Demonstrationen an sozialistischen Feiertagen, denn das waren Pflichtveranstaltungen mit langen Märschen und langweiligen Reden. Dabei schleppten wir kommunistische Wink-Elemente, wedelten mit roten Nelken und verdrehten die Augen, wenn die Lautsprecher plärrten: „Die Partei, die Partei, sie hat immer recht."

Auf den Montagsdemonstrationen und Friedensmärschen zogen wir am Gebäude der Staatssicherheit vorbei, trugen Kerzen und sangen „Eine feste Burg ist unser Gott". In den stillen Momenten zwischen den Strophen hörten wir hinter den Eisentoren das Hecheln der Hunde und den dumpfen Ton von Stiefelstampfen und hofften auf Gottes Schutz.

Der Psalmist verkündete: „Mit unserem Gott können wir über Mauern springen." Wir sprangen nicht, aber wir fuhren mit der S-Bahn nach Berlin und hämmerten graffitibesprühte Steine aus der Mauer. Die Mauersteinchen schenkten wir unserer Westverwandtschaft als Andenken. Nein, wir hatten ja plötzlich keine Westverwandtschaft mehr – sondern eine Oma, Tanten und Onkel, Cousinen und Cousins in den „alten Bundesländern", die wir jederzeit besuchen dürfen. Ein Wunder.

Susanne Ospelkaus, Autorin und Therapeutin, Jahrgang 1976, Zorneding, www.susanne-ospelkaus.com

Der Mut eines Einzelnen

Am 27. Januar 1945 wurden einige Tausend Überlebende im Todeslager Auschwitz von der russischen Armee befreit. Während ich in diesen Januartagen die Nachrichten verfolge und über das unfassbar Böse reflektiere, ohne es erhellen zu können, lenke ich bewusst meine Aufmerksamkeit auf mutige Gestalten, die gegen die Nazi-Barbarei Widerstand geleistet haben. Über einen einzigen Mutigen will ich berichten.

Die nun folgende wahre Geschichte berührte mich zutiefst, als ich davon las. Der Mut, der darin zum Vorschein kommt, hat mich erschüttert und sehr nachdenklich gemacht. Tagelang dachte ich an diesen Mann, den ich im besten Sinne als Vorbild der Humanität kennenlernen durfte. Und zwar durch zwei Bücher: José-Alain Fralon, „Der Gerechte von Bordeaux. Wie Aristides de Sousa Mendes 30.000 Menschen vor dem Holocaust bewahrte" (Econ Taschenbuch Verlag 2001). Und: Dierk Ludwig Schaaf, „Fluchtpunkt Lissabon. Wie Helfer in Vichy-Frankreich Tausende vor Hitler retteten" (Dietz Verlag 2018).

Den Anstoß, diese Bücher zu lesen, verdanke ich einem SPIEGEL-Bericht von Alexander Smoltczyk mit dem Titel „Die Liste des Konsuls" (vgl. DER SPIEGEL, Nr. 2/4.1.2020).

Das wahrscheinlich größte Rettungsunternehmen eines *einzelnen* Menschen während des Zweiten Weltkrieges ist in breiten Kreisen nicht nur kaum bekannt, sondern so unglaublich, dass Skeptiker versucht haben, seine mutige Tat zu verschweigen oder zu entwerten.

Die Rede ist von Aristide de Sousa Mendes (1885–1954). Er war im Juni 1940, als die Nazis Paris besetzt haben, der portugiesische Generalkonsul im französischen Bordeaux. Fast eine halbe

Million Flüchtlinge suchten vorläufigen Schutz in der Stadt. Die meisten wollten weiterreisen nach Portugal und von dort weiter in die USA oder nach Südamerika. Doch die portugiesische Regierung ließ schon am 11. November 1939 allen Konsulaten Portugals ein Rundschreiben zukommen. Darin stand, welchen Menschengruppen ein Visum zur Einreise nach Portugal zu verweigern sei, nämlich: „Ausländern unbestimmter Nationalität, Russen und Juden, die aus ihrem Herkunftsland vertrieben wurden und ihre Staatsangehörigkeit verloren haben."

Und hier, genau an diesem extrem heiklen Punkt, beginnt der Widerstand von Aristides de Sousa Mendes, damals 55 Jahre alt und Vater von zwölf Kindern. Nachdem er als Beamter mit seinem Innersten gerungen hatte, weil ihm klar war, dass er gegen das geltende Gesetz verstößt, wenn er helfen will, erteilte er in einem übermenschlichen Kraftakt – fast Tag und Nacht durcharbeitend – an fast 30.000 Personen ein Visum. Aristides wusste genau, dass er damit seine Karriere riskierte, dass er sich strafbar machte und dass er dadurch die Autorität des diktatorischen Ministerpräsidenten António de Oliveira Salazar ignorierte. Dennoch handelte er, wie sein Gewissen es ihm vorgab. Später kam Mendes in seinem Heimatland Portugal vor ein Disziplinargericht, wurde degradiert, vom Dienst suspendiert und seine Bezüge wurden halbiert. Diktator Salazar, der „portugiesische Stalin", lehnte ein Gespräch mit Aristides de Sousa Mendes ab. Bevor dieser am 3. April 1954 in Lissabon starb, musste er noch erleben – welch eine Ironie des Schicksals – wie sich Salazar nach Kriegsende als Retter von Flüchtlingen hochstilisiert und feiern lässt. Es ist nicht das erste und nicht das letzte Mal in der Geschichte, dass sich ein Diktator – oder auch nur ein Minister – mit fremden Federn schmückt. Während aber Salazar als Diktator in die Geschichtsbücher eingegangen ist, wird Sousa Mendes 1966 in Israel als einer der ersten Diplomaten in Yad Vashem zum „Gerechten unter den Völkern" ernannt. Und achtzig Jahre später, nachdem seine Heldentat bekannt zu werden beginnt, wird man mit dem Namen des Generalkonsuls den Begriff „Lichtgestalt" verknüpfen dürfen, weil er in einer dunklen Zeit 30.000 Flüchtlingen aus 49 Ländern geholfen hat, sich vor der Nazi-Verfolgung in Sicherheit zu bringen.

Während mit Salazar nur eine politische, diktatorische Autorität in Erscheinung getreten ist, nehme ich bei Aristides de Sousa Mendes die Inkarnation einer geistigen Autorität wahr, die bei ihm aus der christlich-katholischen Tradition gespeist wurde. Mendes war ein „Homo humanus" (lat. = „menschlicher Mensch"), der aus seinem urpersönlichen Willen zum Sinn und aus seinem Gewissen eine Heldentat vollbracht hat. Gesegnet sei seine Erinnerung!

Dr. Otto Zsok, Dozent für Logotherapie und Existenzanalyse, Jahrgang 1957, Fürstenfeldbruck

Psalm 91

Angefangen hatte alles mit diffusen Bauchschmerzen im Mai 2018. Diese nahm ich zunächst nicht sehr ernst. Als sie jedoch nicht mehr nachließen, ging ich einige Wochen später zum Arzt, um mich mal wieder durchchecken zu lassen. Eigentlich wollte ich ja nur hören, dass alles okay ist. Die Hausärztin schickte mich zum Internisten und zur Darmspiegelung, um mögliche Ursachen abzuklären. Eine Darmspiegelung wurde anberaumt – meine allererste. Ich wurde in die Praxis einbestellt, doch bevor es losging, musste ich noch kurz warten. Ich nutzte die Zeit, um eine Taufe vorzubereiten, die zwei Tage später im Gottesdienst stattfinden sollte. Der Taufvers stand in Psalm 91. Ich las den Psalm und machte mir ein paar Stichpunkte für die Taufe. Was ich nicht ahnte: In diesem Moment verankerte Jesus diesen Psalm in meinem Leben. Er sollte mich die nächsten Wochen und Monate sehr intensiv begleiten und eine ganz besondere Wirkung in meinem Leben entfalten.

Mit dem Arzt, der die Darmspiegelung vornahm, verstand ich mich vom ersten Moment an. Bevor ich wegdämmerte, sagte er mir, dass ich in 20 Minuten wieder wach sein werde.

Aus den 20 wurden über 40 Minuten. Die Ursache bekam ich nach einer kurzen Wartezeit sofort mitgeteilt: Der Arzt hatte einen größeren Tumor diagnostiziert, den der Arzt aufgrund seiner Erfahrung als bösartig einstufte. Diese Diagnose wurde durch den histologischen Befund ebenso bestätigt wie durch die spätere recht hohe Einstufung des Tumors.

Der Arzt sagte, dass akuter Handlungsbedarf bestehe, denn mein Darm war durch den Tumor schon stark verengt. Der Arzt hatte den Tumor bereits eingefärbt, damit die Chirurgen wüssten, wo sie schneiden müssen. Jetzt käme es darauf an, sehr schnell in die richtige Klinik und zu den richtigen Ärzten zu kommen. Die völlig unerwartete Diagnose „Darmkrebs in einem fortgeschrittenen Stadium" überforderte mich völlig. Ich konnte in keiner Weise abschätzen, was dies bedeutet. Die Gedanken wirbelten wie in einer Waschmaschine. *Wie wird es meiner Frau und den Kindern damit gehen? Und wie den weiteren Angehörigen? Was wird aus den vielen teils wichtigen anstehenden Terminen? Wen sollte ich informieren? Wie muss ich mich vorbereiten und was muss bedacht werden? …*

In dieser Situation ist in mir etwas geschehen, was ich im Nachhinein als eine göttliche Weichenstellung ansehe. Als der Arzt mir sehr deutlich und doch möglichst schonend diese heftige Diagnose erklärte, da sagte ich ihm: „Wissen Sie, ich bin Pastor. Ich predige ständig über das Gottvertrauen. Jetzt muss ich es leben. Das ist jetzt der Ernstfall für meinen Glauben." Diese Aussage hat zu dem Hinweis in meiner Krankenakte geführt: „Herr Winkler ist Pastor …"

Das war in keiner Weise ein heldenhafter oder starker Glaube. Es war vielmehr eine von Jesus gegebene Situation, in der er mich eingeladen hat, ihm zu vertrauen – und dazu durfte ich Ja sagen. Und zwar mit aller Ohnmacht und Überforderung. Und es war wie eine von Jesus gegebene Festlegung darauf, ihm zu vertrauen. Schließlich las nun jeder in meiner Krankenakte „Herr Winkler ist Pastor …".

Nach dem Arztgespräch musste ich darauf warten, in der Praxis abgeholt zu werden. In dieser Zeit erlebte ich den sehr persönlichen Zuspruch Gottes.

Ich las noch mal Psalm 91. Jetzt allerdings ganz anders.

„Wer unter dem Schirm des Höchsten sitzt und unter dem Schatten des Allmächtigen bleibt, der spricht zu dem HERRN: Meine Zuversicht und meine Burg, mein Gott, auf den ich hoffe. … Er errettet dich … von der verderblichen Pest. Er wird dich mit seinen Fittichen decken, … dass du nicht erschrecken musst … vor der Seuche, die am Mittag Verderben bringt. … Der HERR ist deine Zuversicht, der Höchste ist deine Zuflucht. … Er hat seinen Engeln befohlen, dass sie dich behüten auf allen deinen Wegen, … Ich bin bei ihm in der Not … Ich will ihn sättigen mit langem Leben und will ihm zeigen mein Heil."

In den folgenden Wochen las ich diesen Psalm jeden Tag, teils mehrmals. Er wurde mir immer neu zum Zuspruch, zur Herausforderung und manchmal auch zur Zumutung.

Außerdem erinnerte mich Jesus an ein Zitat von Vaclav Havel, das ich zuvor in einer Predigt verwendet hatte: „Hoffnung ist nicht die Überzeugung, dass etwas gut ausgeht, sondern die Gewissheit, dass etwas Sinn hat, egal wie es ausgeht." Meine Frau und Kinder waren von dem Befund natürlich ebenfalls sehr betroffen und herausgefordert. Sie wurden mir für die kommende Zeit ein unvorstellbarer Rückhalt. Ihre Gebete, Begleitung, Unterstützung und Ermutigung haben mich getragen.

Besonders herausfordernd war die Klärung anstehender Dinge innerhalb kürzester Zeit. *Welche persönlichen Dinge muss ich vor der OP noch regeln? Was muss ich mit meiner Frau besprechen? Wen muss ich wann über meine Erkrankung und meinen Ausfall informieren? Welche Veranstaltungen müssen abgesagt und wofür Mitarbeiter gesucht werden? etc.*

Dabei trafen wir die Entscheidung, in großer Offenheit mit meiner Erkrankung umzugehen und darüber zu sprechen. Auf der einen Seite, um Spekulationen vorzubeugen. Aber noch vielmehr, um getragen und begleitet zu werden. Zuerst informierte ich nur meine nächsten Angehörigen, die Leitung unserer Gemeinde und einige Verantwortliche, die von meiner Erkrankung betroffen waren.

Während dieser Klärungen wurde ich sehr intensiv an das Lied von Andi Weiss erinnert: „Nie allein". Immer, wenn ich dieses Lied in den kommenden Wochen anhörte, wurde es mir zu einem Zuspruch von Jesus, der mir dadurch sagte: Ich bin da. Du bist nicht allein. Ich bin dein Hirte, der sich um dich kümmert.

Der Taufgottesdienst am Sonntag nach der Diagnose war eine besondere Herausforderung, verbunden mit einer intensiven Erfahrung. Mit Ausnahme der Gemeindeleitung wusste noch niemand aus der Gemeinde von meiner Diagnose. Ich wollte nicht, dass der Gottesdienst und die Taufe von meiner Erkrankung dominiert werden. In diesem Gottesdienst wurde ich von Jesus dadurch beschenkt, dass meine eigenen Worte über Psalm 91 zu einem Zuspruch wurden, den Jesus auch in mein Leben hineinsprach.

Nach dem Gottesdienst trafen sich die Verantwortlichen unserer Gemeinde mit mir. Sie beteten für mich und segneten mich für die anstehende Operation.

Am Sonntagabend informierte ich dann die Gemeinde, Freunde und Wegbegleiter über die Erkrankung und die anstehende Operation. Die vielen Reaktionen per Mail, SMS, Briefe, etc. machten mir bewusst, dass ich von Gebeten begleitet bin. Diese Gebete waren wie ein Netz, in das man fällt, das trägt und hält.

Im Laufe des Sonntags bekam ich endlich die Nachricht, dass ich am Dienstag zur Vorbereitung der Operation in die Klinik kommen sollte. Die OP würde dann am Mittwoch stattfinden.

Am Dienstagabend gab es ein heftiges Gewitter und vor den dunklen Wolken bildete sich ein leuchtender Regenbogen – genau über der Klinik, in der am nächsten Tag meine OP durchgeführt werden würde. Dies war für mich ein Zeichen, dass Jesus auch in der Klinik bei mir ist und ich von ihm begleitet bin.

Nur fünf Tage nach der Diagnose wurde ich operiert. Natürlich war ich sehr angespannt. Und doch von einem tiefen Frieden getragen. Auf dem Weg zur OP gingen mir manche Gedanken durch den Kopf. *Und wenn es jetzt schiefgeht? Wenn das der Anfang vom Ende ist? Wenn der Tumor wie befürchtet Metastasen gebildet und gestreut hat?*

Es war erstaunlich, dass mich diese Gedanken eigentlich nicht beunruhigten. Vielmehr herrschte die tiefe Gewissheit: Wenn es so sein sollte,dann wartet am Ende Jesus. Und er wird alles richtig machen. Ich bin ihm ausgeliefert und in seiner Hand. Und auch meine Lieben sind in seiner guten Hand.

So erlebte ich „Zuflucht unter seinen Flügeln“ aus Psalm 91.

Die Operation verlief ohne Komplikationen. Der Tumor wurde komplett entfernt. Der Arzt wandte dabei eine neuere Methode an, sodass mir ein großer Bauchschnitt erspart blieb. Ein künstlicher Ausgang war auch nicht notwendig. Und trotz anderweitiger Befürchtungen wurden (Gott sei Dank!!!) keine Metastasen gefunden.

Nach der OP erholte ich mich erstaunlich schnell. Selbst die Ärzte waren über den Fortschritt erstaunt. Es war eine Zeit, in der ich von der Gewissheit getragen war, dass ich mit meinem ganzen Leben in der Hand von Jesus bin.

Es war für mich ein Wunder Gottes, dass ich bereits eine Woche nach der recht großen OP die Klinik verlassen durfte. Aufgrund einer besonderen genetischen Konstellation war keine Chemotherapie möglich. Ebenso bedurfte es keiner weiteren Anschlussheilbehandlung.

Natürlich brauchte es Zeit, bis ich wieder bei Kräften war und in die Gemeinde zurückkehren konnte. Ein besonderer Gottesdienst war für mich, als ich über Psalm 91 predigen konnte und denen, die mich mit ihren Gebeten begleitet hatten, berichten durfte, wie ich Jesus erlebt habe. Das hat mich geprägt, verändert und bereichert.

Und heute? Bin ich geheilt? Ich weiß es nicht. Die bisherigen Untersuchungen brachten keinen negativen Befund. Zugleich sagten die Ärzte, dass ich mich möglicherweise nie als geheilt bezeichnen kann. So ist jede Nachuntersuchung mit einer gewissen Anspannung verbunden. Und zugleich will ich Jesus vertrauen. Egal was kommt – Jesus ist größer und ich bin in seiner Hand.

Auch wenn ich nicht weiß, wie ich bei einer erneuten Diagnose reagieren und wie ich dann Jesus erleben werde.

Rückblickend bin ich sehr dankbar. Dankbar für meine Frau und meine Kinder. Sie haben mich getragen, begleitet und umsorgt. Sie waren der verlängerte Arm Gottes, durch den er mich beschenkt hat. Mit ihnen hat mir Jesus einzigartige Menschen an die Seite gestellt. Dankbar für die Medizin und die Ärzte. Der leitende Professor sagte mir, dass ich vor 20 Jahren wahrscheinlich keine große Überlebenschance gehabt hätte. Dankbar für das großartige Personal in der Klinik. Sie leisteten und leisten Großartiges im Umgang mit Menschen im Ausnahmezustand. Dankbar für Menschen meiner Gemeinde, für Angehörige und Freunde. Ihre Gebete, ihre Ermutigung und Begleitung haben getragen. Dankbar vor allem für Jesus, seine Nähe, Hilfe und sein Handeln an mir. Ganz ehrlich: Ich möchte diese Erfahrung nicht missen. Sie hat meinem Glauben eine neue Dimension und Tiefe gegeben.

Und was hat die Krankheit bei mir verändert? Sicher manches. Einiges ist mir bewusst, anderes (noch) nicht. In meinem Glauben hat sich etwas verändert. Mir wurde sehr bewusst, dass er *nicht* von dem lebt, was *ich* einbringen kann, ob ich Kraft zum Beten und Glauben habe, ob ich Jesus vertrauen kann, etc. Er lebt von dem, was *Jesus* ist und tut. Ich habe erlebt, dass ich in Gottes Hand bin und dass dies reicht. Jesus trägt und hält. Das war sehr konkret erfahrbar. Und das Wissen um die Ewigkeit ist für mich viel realer geworden. Das ist eine große Perspektive.

In meinem Selbstverständnis als Pastor und Mitarbeiter hat sich etwas verändert. Ich durfte deutlich erleben: Es geht auch ohne mich. Es gibt so viele großartige Mitarbeiter, die Jesus und seine Gemeinde lieben, die sich einsetzen und Aufgaben übernehmen. Ich darf mitmachen, aber es hängt nicht von mir ab. Das ist vielleicht ein Grund, weshalb ich heute eher einmal Nein sage. Denn es geht auch ohne mich. Ich bin sehr viel sensibler für das Thema Heilung und Heilungszusagen geworden. Ich bin sehr dankbar, dass ich Heilung erlebt habe und Jesus Ärzte dazu befähigt und gebraucht hat. Jesus ist in der Krankheit konkret erfahrbar und kann Heilung schenken. Damit will ich rechnen. Zugleich bin ich dankbar, dass ich vor schnellen Heilungsversprechen verschont blieb. Hier sehe ich vieles sehr kritisch. Vor allem auch deshalb, weil viele andere nicht erleben, dass Jesus ihnen Heilung schenkt. Hier braucht es ehrliche Antworten. Ich erlebe manches bewusster, was vorher so selbstverständlich war. Die Zeit mit meiner Frau, der schöne Urlaub, die Motorradtour, der Biergartenbesuch und vieles mehr. Ich will das noch viel mehr genießen, was Jesus mir heute gibt und nicht alles für später aufheben.

Wenn ich heute Menschen im Krankenhaus begegne oder wenn ich mit Krebskranken spreche, dann geschieht dies aufgrund meiner eigenen Geschichte anders. Es findet mehr auf Augenhöhe statt. Ich kann diese Menschen viel besser verstehen und ihnen ein Gegenüber sein. Nachdem ich aus der Klinik zurück war, sagte mir ein Freund: Jesus hat wohl noch etwas vor mit dir. Er braucht dich noch. Ja, ich lebe in der von Jesus gegebenen „Verlängerung". Ich will mit ihm und für ihn leben. Wo und wie – das wird er immer wieder zeigen.

Siegfried Winkler, Pastor, Jahrgang 1964, München

Du bist für mich ein Wunder

Da saß ich auf einer Bank am Rhein, schaute den Vögeln zu, die in der Luft über mir segelten, leicht und unbeschwert. Mein Herz dagegen raste, war schwer wie Blei, panisch, ängstlich. Und ich weinte. Ich weinte um dich. Ich weinte für dich. Ich weinte, und in mir wurde es langsam ruhiger, weicher, sanfter. Lange Zeit hatte ich dich bekämpft. Dich ignoriert. Dich als zu bedürftig und erbärmlich empfunden. Dich links liegen gelassen. Dich beschimpft. All das Schwache und Ängstliche in dir wollte ich „weg haben". *Denn wenn ich mir Schwäche erlaube, dann gehe ich unter*, dachte ich. *Verliere den Halt, bin nicht mehr stark.*

Also kämpfte ich, und ich kämpfte gut. Jahrelang erfolgreich – bis auf immer wieder aufkommende Zeiten von Zwängen und Panikattacken. Ich machte eine Therapie, ansonsten war mein Motto: Weitermachen! Durchhalten! Ich stürzte mich in unterschiedliche Projekte, die mir viel Spaß machten und mich herausforderten. Ich war beschäftigt und musste nicht so viel über mich und meine Ängste nachdenken oder mit meinen Gefühlen alleine sein. Damals war mir das nicht klar.

Mit 50 machte ich eine Ausbildung zur Systemischen Beraterin und später diverse Weiter- und Fortbildungen, die mich sehr ausfüllten.

Meine Vision und Mission: Mauerstürmerin sein und andere Menschen ermutigen, aus engmachenden Strukturen herauszutreten, auch Gottesbilder zu überprüfen und Lebenslügen zu entlarven. Denn es ist nie zu spät, etwas Neues auszuprobieren und seine Flügel zu entdecken, einzusetzen und loszufliegen. „Flieg hoch!" war mein Motto. In Seminaren und in der Beratung konnte ich andere Menschen begleiten und ermutigen, erste Schritte oder Flüge zu wagen.

Das war gut und ich fühlte mich stark. Ich half anderen dabei, ihren „Möglichkeitsraum“ zu erweitern. Raum für sich zu gewinnen und Mauern zu überwinden. Das beflügelte mich und ich flog hoch. Aber …

Du bist mir eine Last, dachte ich. *Du behinderst mich beim Fliegen und in meiner Stärke*, befürchtete ich.

Bis ich auf dieser Bank saß – mit lahmen, pechverschmierten Flügeln, unfähig, mich zu erheben, unfähig zu fliegen. Verletzt, müde und traurig.

Dort nahm Jesus mich wieder in seinen Arm und berührte behutsam meine Seele und meine geschundenen Flügel. Er nahm mich an seine Hand und sprach mir zu: *„Elke, du bist meine geliebte Tochter, genau so, wie du bist. Komm, steh auf, ich bin mit dir und halte dich.“*

Und dann stand ich auf. Und flog los und alles war wieder gut …

Nein! Ich stand auf und ging los. Los zur Notaufnahme einer psychiatrischen Klinik vor Ort. Ich sprach lange mit einer Ärztin, die mir eine Tagesklinik empfahl. Dort meldete ich mich an und bekam sehr schnell einen Platz. Aber ich war nun an dem Ort, wo ich niemals hinwollte, mein „Worst Case- Szenarium“, denn ich dachte: *„Wenn du erst mal dort bist, ist alles vorbei. Du hast verloren und bist gescheitert. Kommst nie mehr raus. Bleibst immer krank.“*

Aber es war anders. Zum ersten Mal seit Langem fühlte ich mich geborgen. Ich merkte, dass mir vollkommen das Gefühl verloren gegangen war, dass jemand auf mich aufpasst. Wohlwollend und liebevoll. Auch wenn ich mit meiner Rolle, nun „als Patient auf der anderen Seite zu stehen“, zunächst nur schwer klarkam. Wichtig war mir dabei auch: Ich begegnete endlich meinem inneren, verletzten Kind, auf das niemand aufgepasst hatte und das sich so alleingelassen und verloren fühlte. Ich war entsetzt.

In einer Kunsttherapie töpferte ich es als kleinen Vogel, der in einem Nest liegt. Und erstmals in meinem Leben beschäftigte ich mich mit meinem ängstlichen, neugierigen, frechen, wunderbar lebendigen, inneren Kind. Ich nahm es in den Arm. Und dann an die Hand und fing an, mich um es zu kümmern. Auch wenn ich mich oftmals überfordert fühlte. Gott gab mir Halt und half mir dabei.

Ein Oberarzt forderte mich bei der wöchentlichen Visite intensiv heraus, indem er mir zeigte, wovor ich wirklich Angst hatte und davonlief. Oftmals provozierte er mich dabei. Aber er ließ mich nicht alleine mit seiner klaren Analyse, die mich zutiefst bewegte. Er nahm sich vier Einzelstunden Zeit, nur für mich. Das war noch nie vorgekommen. Offensichtlich schätze er mich und traute mir vieles zu.

In Imaginationsübungen etc. lernte ich, mich zu stärken. Aber auch, was es bedeutet, Festigkeit, Anerkennung und Gelassenheit zu haben. Ich lernte, wie wichtig es ist, sanftmütig mit sich selbst umzugehen, Ängste ins eigene Leben zu integrieren und Schwächen als Teil seines Lebens zu begreifen, die das Starke und Schöne in mir nicht vernichten, sondern letztendlich stärken.

Nach sieben Wochen in der Klinik wurde ich entlassen. Nun arbeite ich wieder und habe als Beraterin erstaunlicherweise mehr Kunden als vorher. Eine Challenge ist erfolgreich gelaufen und ein kreativer Onlinekurs findet gerade statt.

Alles gut!? Nein, nicht immer. Manchmal vermisse ich die Tagesklinik und ihren Schutzraum. Ängste und Panik kommen immer wieder hoch – gerade wenn ich alleine bin bzw. mich alleine fühle. Ich sehne mich so sehr nach mehr Geborgenheit, Gelassenheit, Halt und Lebensfreude und dass es mir gelingt, diese im Alltag zu integrieren und ihn positiv zu gestalten. Ich übe, besser für mich zu sorgen. Mich nicht mehr so zu verurteilen. Und dass manche Dinge und Gefühle sein dürfen. Aber es fällt mir sehr schwer. Ich habe oftmals das intensive Gefühl eines Verlustes. Das macht mich traurig. Aber all das darf auch sein.

Behutsam werden die pechverschmierten Federn meiner Flügel gereinigt, eine nach der anderen. Das tut weh. Das tut gut. Das braucht Zeit. Ein Schritt nach dem anderen. Und es wird leichter. Langsam entwickele ich eine Vision von der erwachsenen Frau, die ich einmal sein möchte bzw. die in mir steckt und herausgelockt werden will: Eine Frau, die klar ist, Frieden geschlossen hat, ihr inneres Kind gut versorgt, unabhängiger alleine sein kann und ihr Leben gestaltet. Eine Frau mit Lebenslust, Kreativität und Stärke. Eine rebellische Frau. Eine großzügige Frau.

Eine Frau, die weiterhin andere Menschen ermutigt und begleitet, raus aus der Enge und rein in die Weite zu gehen. Eine Mentorin für jüngere Erwachsene.

Denn ich bin eine von Gott geliebte Tochter mit all dem, was ich bin und was in mir ist. Und Gott ist mit mir. Er nimmt mich an seine Hand. Und ich nehme mein inneres Kind an die Hand. Ich sage zu ihm: Du bist ein Wunder und gehörst zu mir. Mein Herz tanzt.

Meine Flügel können sich wieder bewegen. Und ich steige auf im Aufwind von Gottes Liebe, der es gut mit mir meint, und fühle mich geborgen. Ein Wunder, so viele Wunder. Ich bin ein Wunder! Du bist ein Wunder! Ich danke dir.

Elke Janßen, Systemische Beraterin und Bibliothekarin, Jahrgang 1962, Bonn, www.elkejanssen.de

Die Reise zu mir selbst

Mit 13 Jahren habe ich mir zum ersten Mal die Fragen gestellt: Wer bin ich eigentlich? Wo komme ich her? Von meiner leiblichen Mutter kam ich als Kleinkind zu einer Pflegefamilie. Diese Familie war ein Geschenk für mich. Wir waren dort sechs Kinder. Eins von ihnen war mir besonders wichtig, hat mich besonders geprägt. Auch wenn wir heute weit voneinander entfernt leben, besteht das besondere Band zwischen uns noch immer.

Ich gehörte zu den Kindern, die sich nicht so schnell entwickeln. Meine Motorik war nicht gut. Ich musste sie mit Übungen verbessern. Jeden Freitag ging es zum Turnen. In der Schule lief es auch nicht so rund: In Mathe und Deutsch war ich nicht so gut, die zweite Klasse musste ich wiederholen. Nach der Grundschule besuchte ich eine Sonderschule. Andere Kinder hänselten mich. „Behinderte können nichts und schaffen nichts", hieß es. Von wegen! Und was wir alles schaffen können!

Nach der Schule machte ich eine Ausbildung, war danach aber sehr lange zu Hause. Der langersehnte Kontakt zu meinem leiblichen Vater tat mir nicht gut. Meine Ehe mit 23 Jahren auch nicht. Ich beendete beides. Doch ich fühlte mich nicht frei. Einsamkeit und Leere suchten ein Ventil und ich begann, mich zu ritzen. Ich wusste nicht, wohin mit mir. Und was ich überhaupt machen will.

2017 kam ich in die Werkstatt. Mein erster Impuls war: weg von hier! Doch ich hielt durch und lernte mich selbst neu kennen. Und auch eine neue Freundin, die nicht in der Werkstatt arbeitet, sondern „normal" ist. Aber was ist denn bitte normal? Ich bin ein sehr vorsichtiger Mensch geworden und habe immer Angst, was die Leute über mich sagen oder denken. Aber ich bin bis jetzt nach jedem Hinfallen wieder aufgestanden.

Wenn ich zurückblicke auf das, was ich alles schon geschafft habe, bin ich stolz auf mich. Ich habe meinen Hauptschulabschluss und einen Führerschein. Nach den ganzen Hochs und Tiefs bin ich endlich auf einer geraden Linie unterwegs, und es fühlt sich gut an. Ich habe gelernt, mich mit meinen Fehlern, Schwächen aber auch Stärken zu akzeptieren. So wie ich bin.

Meine Pflegemama sagt immer: Eine Schnecke kommt auch an ihr Ziel, und recht hat sie. Die Reise zu mir selbst wird niemals enden. Aber ich muss den Weg nicht allein gehen. Ich habe Gott und ich habe Menschen an meiner Seite, die mich begleiten. Jetzt und in Zukunft.

Ilonka Weigl, Mitarbeiterin der „Dillenburger Werkstätten", Jahrgang 1991, Haiger-Offdilln

Wessi und Ossi glücklich vereinigt

Im Sommer 1989, als die friedliche Revolution in Ostdeutschland ihrem Höhepunkt entgegenstrebte, war ich mit einer Freundin auf (Interrail-) Zugreise in Südspanien. Damals konnten wir nur alle paar Tage Nachrichten aus Deutschland lesen, wenn wir an einem spanischen Kiosk eine deutsche und dann meist veraltete Tageszeitung fanden. Mit Erstaunen lasen wir die inzwischen ebenfalls veralteten Neuigkeiten. So erfuhren wir, dass Egon Krenz, der aussah wie ein korrupter südländischer Politiker, doch angeblich in Ostdeutschland Erich Honecker als Staatsratsvorsitzenden der DDR, sowie Generalsekretär der Sozialistischen Einheitspartei Deutschland (SED) ablöste. Wir wunderten uns, doch einige Tage später, bei unserem nächsten Stopp am Zeitungskiosk, hatte auch er schon wieder Probleme mit den revolutionierenden Bürgern. In Spanien verpassten wir weitestgehend die Bewegung der ostdeutschen Montagsdemonstrationen in Leipzig und anderen Städten.

Nach unserem Urlaub widmete ich mich in meiner Heimatstadt München wieder meinem Soziologie-Studium, und im Nachhinein bin ich erstaunt, wie wenig die Entwicklungen im anderen Teil des damals geteilten Deutschlands an der Münchner Universität thematisiert wurden.

Auf der anderen Seite der Mauer, in der brandenburgischen Stadt Cottbus nahe dem Spreewald, war Bert – wie ich – mit einem jüngeren Geschwisterkind aufgewachsen. Im Sommer 1989 hatte er – wie ich – das Abitur in der Tasche, konnte jedoch nicht die große Welt bereisen und trat seinen Wehrdienst an. Für die Nationale Volksarmee der DDR war Bert in Berlin stationiert. Dort musste er nachts Wache schieben auf einem Kontrollturm der Grenzmauer, die bekanntlich durch ganz Berlin verlief. Er würde nicht schießen! Das hat er immer betont, und das war auch nicht notwendig. Doch die Nächte waren langweilig und ermüdend. Die Zeit vertrieb sich der leicht rebellische Soldat verbotenerweise mit Radiohören von Westberliner Sendern. Das war ein Verstoß gegen die ostdeutsche Soldatenehre, doch glücklicherweise blieb das Vergehen unentdeckt.

Spannend wurde es für alle jungen ostdeutschen Soldaten, als sie am 8. November 1989 informiert wurden, Mauerdurchbrüche zu schaffen. Das war ein ausdrücklicher Befehl, erinnert sich Bert. Als meist gehorsame Soldaten fragten die jungen Männer nicht nach, sondern taten, was ihnen befohlen wurde. Doch selbstverständlich wunderten sie sich.

Bert erzählt gerne davon, dass er schon vor den meisten anderen Deutschen wusste, dass die Mauer sich öffnen würde. Am Abend des 9. November 1989, als die ganze Welt entweder den Atem anhielt oder sich ins Vergnügen stürzte, war er vorbereitet.

Ich finde es wunderbar, dass er diesen bewegten historischen Moment im Zentrum des Geschehens erleben durfte, wenngleich er nicht wie viele andere die Freiheit sofort nutzen konnte. In der Nationalen Volksarmee herrschte mehrere Tage Unklarheit, wie es weitergehen sollte.

Die Maueröffnung in Berlin und allen anderen Übergängen von Ost nach West in der Nacht vom 9. November habe ich im fernen München – damals heimliche Hauptstadt Deutschlands genannt – einfach verschlafen.

Als ich am nächsten Morgen davon erfuhr, war ich zunächst ungläubig und dann euphorisch. Meine Eltern stammen aus Ostdeutschland und wir haben Verwandte dort, die wir endlich ohne Probleme besuchen konnten.

In den kommenden Tagen und Wochen interessierte ich mich mehr für das politische Geschehen in Ost und West als zuvor und unternahm mit meinen Kommilitonen und einem Politik-Professor im Sommer 1990 eine Rundreise durch Ostdeutschland: Leipzig, Dresden, Elbsandsteingebirge, Plauen, Spreewald. Auch Cottbus mit seinen schönen Bürgerhäusern aus Barockzeit und Jugendstil lag auf unserer Route.

Doch die Annäherung an die Ostdeutschen war für uns mühevoll. Ich erinnere mich an eine Podiumsdiskussion mit einem sehr engagierten ostdeutschen Studenten-Vertreter, dem es nicht gelungen war, viele seiner Kommilitonen zu der Veranstaltung zu motivieren. So waren wir Studenten aus dem Westen in der Diskussion in der Mehrzahl und konnten uns unsere meisten Vorurteile gegenseitig bestätigen.

Zeitgleich war Bert, der inzwischen in seiner Heimatstadt Cottbus das Studium der Wirtschaftsinformatik aufgenommen hatte, mit einem Bus aus Brandenburg nach Spanien gereist und besuchte einige der Orte, die ich ein Jahr zuvor mit dem Interrail-Zug bereist hatte. Wie alle jungen Ostdeutschen genoss er seine neue Freiheit und wurde abenteuer- und reiselustig.

In den folgenden Jahren beendete ich mein Soziologie-Studium und startete mein Berufsleben in München, verlobte mich und entlobte mich unglücklich. Nach einer Auszeit in den USA nahm ich meinen Karriereweg wieder auf und landete im neuen Jahrtausend bei einer amerikanischen Softwarefirma, Marktführer für Business-Anwendungen.

Bert beendete ebenfalls sein Studium, startete nahe seiner Heimatstadt als IT-Consultant und suchte wenige Jahre später nach einer neuen beruflichen Herausforderung. Da er in Brandenburg keine passenden Stellen fand, bewarb sich Bert auch in München und nahm seine nächste Anstellung in einer amerikanischen Softwarefirma an, Marktführer für Business-Anwendungen.

Sicher nimmt der aufmerksame Leser an, dass nun endlich die Chance für die Münchnerin und den Cottbusser gekommen sei und eine wunderbare Ost-West-Liebesgeschichte beginnen kann. Doch es kam anders: Die Niederlassung der amerikanischen Softwarefirma war auch in München so groß, dass wir uns dort nicht wissentlich über den Weg liefen. Im Nachhinein können wir uns über gemeinsame Kollegen und gemeinsame Events wie Sommerfest und Weihnachtsfeiern austauschen, doch wir erinnern uns nicht aktiv aneinander. Wir benötigten eine zweite Chance.

Es dauerte weitere fünf Jahre, weitere berufliche Stationen und für jeden von uns weitere enttäuschende Beziehungen, bevor wir uns endlich trafen und bewusst wahrnahmen. Ich hatte nach zwei Jahren, Bert nach drei Jahren das Softwareunternehmen wieder verlassen. Beide waren wir in München geblieben.

Wir begegneten uns bei einem beruflichen Netzwerktreffen mit wohl mehr als 100 Teilnehmern, das dazu diente, neue Kontakte zu knüpfen, die wiederum neue Aufträge oder weitere Karriereschritte bedeuten könnten.

Dort saßen wir mit Gleichgesinnten an einem Tisch und tauschten uns über unsere Arbeit aus. Und wir tauschten auch alle unsere Visitenkarten aus. Bert steckte alle in seine Jackettasche – bis auf meine: die kam in sein Portemonnaie.

Einige Tage später rief er mich an, und wir verabredeten uns. Zunächst vermutete ich aufgrund seiner Sprachfärbung, dass er wie meine Mutter und viele meiner Verwandten aus Berlin käme. Vielleicht habe ich mich deswegen sofort in Bert verliebt. Gleich am ersten Abend erzählte mir Bert seine Mauer-Erlebnisse, und wir fanden viele Parallelen in unseren Biografien und in unserem Denken.

Nach 12 Jahren Beziehung und vier Jahren Ehe können wir beide viele wunderbare Gründe und Eigenschaften aufzählen, warum wir wie füreinander geschaffen sind.

Wenn im Fernsehen eine Doku über Mauerfall oder Wiedervereinigung läuft, werden Bert und ich still und nachdenklich. Wir wissen, dass wir ohne diese historischen Ereignisse wohl nie zueinander gefunden hätten. Das Wunder unserer Vereinigung und Beziehung hat seinen Ursprung in dem Wunder der friedlichen Revolution von 1989.

Und immer ist es auch ein Wunder, wie und wann sich Paare treffen und wie und wann klar wird: Wir bleiben zusammen!

Regina Pollack, Personalerin, Jahrgang 1969, München

Tabea, unser Wunder

1979/80 erwartete ich unsere jüngste Tochter Tabea, wobei ich mich im dritten Schwangerschaftsmonat einem operativen Eingriff unterziehen musste. (Im Lauf meines Lebens verliefen acht *große* (Not-)Operationen des Bauches ohne Komplikation, doch just nach diesem relativ harmlosen gynäkologischen Eingriff in der Frühschwangerschaft erlitt ich eine postoperative Lungenembolie!) Auf der Intensivstation riet mir der Oberarzt dringend zum Schwangerschaftsabbruch, denn beim Fötus sei mit körperlicher und geistiger Behinderung zu rechnen. Jeder einzelne der vier vorhandenen Risikofaktoren könne fatale Auswirkungen haben: 1) *akute Atemnot, 2) Röntgenstrahlung* während der Lungen-Nahaufnahmen, 3) die subkutane *Marcumar-Dauerinfusion* zur Gerinnungshemmung, 4) die intravenös injizierten *radioaktiven Substanzen*, die zur Lungen-Szintigraphie erforderlich waren. Mit Gesten und Blicken bekundete ich dem Arzt, dass eine Abtreibung für mich nicht infrage komme.

Im Rahmen einer damals gerade stattfindenden Evangelisation rief unsere örtliche Kirchengemeinde spontan zur Gebetsgemeinschaft für mich auf (was ich allerdings erst später erfuhr). Äußerst bemerkenswert daran war: Exakt ab dem Zeitpunkt der Fürbitten verbesserte sich mein Zustand deutlich! Zum Erstaunen der Ärzte wiesen auch die ermittelten Vitalfunktionen des Fötus sowie die Ultraschallbilder keinerlei Unregelmäßigkeiten mehr auf. Bei der Entlassung aus der Klinik musste ich per Unterschrift dokumentieren, dass ich den ärztlich empfohlenen Schwangerschaftsabbruch abgelehnt hatte und somit keinerlei Regress-Ansprüche geltend machen könne. Die verbleibenden sechs Schwangerschaftsmonate verliefen völlig unauffällig. Mein

Mann, der die Entbindung miterlebte, stellte erleichtert fest: „Die Kleine sieht völlig normal aus!“ Als ich unsere quicklebendige Tabea jenem Intensivarzt vorstellte, der mir dringend zum Schwangerschaftsabbruch geraten hatte, sagte dieser mit spürbar bewegter Stimme: „Das muss eine höhere Macht bewirkt haben, anders ist es nicht erklärbar!“ Damals vor vierzig Jahren waren intensivmedizinische Interventionen technisch natürlich noch längst nicht so ausgereift wie diejenigen heutzutage. Tatsächlich zeigten sich auch in Tabeas weiterem Leben keinerlei Anzeichen einer möglichen Behinderung. Seit nahezu zwei Jahrzehnten versieht unsere Tabea in Bayern ihren Dienst als äußerst engagierte, erfahrene Polizeibeamtin (und Diensthundeführerin.) Zusammen mit ihrem scharfen Polizeihund ist Tabea viel auf Spurensuche unterwegs – oft in Zusammenarbeit mit der Kripo, nämlich wenn sie mit ihrem Vierbeiner die Spurensuche im Umkreis von Verbrechens-Tatorten aufnimmt und damit zur Festnahme flüchtiger Delinquenten beiträgt. Bis vor einigen Jahren war Spürnase „Tino“ ihr treuer Begleiter und zuverlässiger Bodyguard in prekären Situationen; inzwischen wurde der schon hoch betagte Spürhund von Tabeas noch jungem, schon speziell ausgebildeten Polizeihund „Desaster“ abgelöst (für Verbrecher erweist er sich ja tatsächlich als Desaster). Entsprechend der damaligen medizinischen Prognose hätte unsere Tabea keine Chance auf eine normale Entwicklung und eine anspruchsvolle Berufstätigkeit gehabt; allein Gottes Eingreifen bewirkte dieses grandiose, lebenslange Wunder!

Brita Wagner, Rentnerin, Jahrgang 1947, Seeheim-Jugenheim

Mein Mann – mein Wunder

Als ich von meiner damaligen „großen Liebe" nach sieben Jahren Beziehung kurz vor der Hochzeit verlassen wurde, brach eine Welt für mich zusammen. Ich war knapp vor der „magischen 30" und dachte: *Jetzt kann ich mir Mann und Kinder aus meiner Lebensplanung streichen. Das schaffe ich nie mehr rechtzeitig – einen Mann zu finden, mit dem ich mir Kinder vorstellen kann!*

Ich nahm mir eine Therapeutin, um über diese Krise hinwegzukommen und mich weiter zu entwickeln. Auch die erste CD von Andi Weiss „Ungewohnt leise" hat mir hier sehr geholfen und in vielerlei Hinsicht die Augen geöffnet. Ich hatte viel Zeit zum Beten und In-mich-gehen.

Mitten in dieser Zeit kam eine Anfrage von Andi Weiss: „Kannst du dir vorstellen, mit deiner Geschichte bei der Dokureihe 37° im ZDF zum Thema ‚Geplatzte Hochzeit – Notbremse vor dem Traualtar' mitzumachen?"

Alle um mich herum waren der Meinung, mit so einer Geschichte könne man nicht ins Fernsehen gehen. Doch ich spürte, ich muss das machen. Zum einen erhoffte ich mir, durch diese erneute und sachliche Aufarbeitung endlich mit dem Thema abzuschließen und zum anderen war in mir diese Stimme: *Trau dich, mach es einfach und sieh, was passiert!* Und ich wagte es.

Am 1. März 2011 wurde die Sendung ausgestrahlt. Im April 2011 erhielt ich eine Mail, weitergeleitet von der Produzentin. Der Absender war ein Mann, der beim Herumzappen durch die Programme auf die Sendung gestoßen war und mich dort gesehen hatte. Er wollte mich unbedingt kennenlernen.

Da ich aber in einer Phase steckte, in der ich mich als Single super wohlfühlte, hatte ich nicht unbedingt Interesse an ihm.

Hinzu kam, dass ich zu dieser Zeit als Beamtin in Rheinland-Pfalz lebte und eigentlich den Plan hatte, wieder in meine Heimat nach Franken zu ziehen. Den Versetzungsantrag hatte ich bereits gestellt. Er kam allerdings aus Baden-Württemberg. Wir blieben jedoch in Mail-Kontakt und sehr schnell merkte ich, wie ernst es ihm war, mich kennenzulernen.

Holger ist Geiger und lud mich auf ein Sommerkonzert ein. Ich erzählte es Andis Frau Martina Weiss. Sie meinte: „Hey, ein Musiker! Das wolltest du doch immer – einen Partner, dem die Musik so wichtig ist wie dir!"

Und so traute ich mich und besuchte ihn. Es war ein magischer Moment.

Vom ersten Augenblick an waren wir so vertraut miteinander. Immer wieder erlebten wir die verschiedensten Situationen, in welcher der eine von uns einen Gedanken hatte und der andere ihn aussprach, dass es mir wie ein Wunder vorkam.

Mein Schlüsselerlebnis mit ihm war der Moment, als wir auf einer Krankenhaus-Parkbank saßen. Holger hatte seinen linken Arm eingegipst und wegen seiner inneren Verletzungen hatte er sich mit Mühe aus dem Rollstuhl auf die Bank gehievt, da er eine Woche nach unserem ersten Treffen einen schlimmen Fahrradunfall hatte. Ein Autofahrer war links abgebogen und hatte ihn auf seinem Rennrad übersehen, sodass Holger auf dessen Windschutzscheibe knallte. Es war zu diesem Zeitpunkt nicht klar, ob er je wieder als Geiger arbeiten kann oder sonst ohne Einschränkungen gesund werden wird.

So saß ich auf seiner linken, eingegipsten Seite und es fühlte sich nicht richtig an. Ich dachte: *Wie gerne würde ich mich jetzt an ihn kuscheln!* In diesem Moment sagte er: „Marina, du sitzt auf der falschen Seite!"

Das war im August 2011. Und der Startschuss für ein tolles Leben als Paar. Seit dieser Zeit haben wir uns einiges getraut und im Vertrauen auf Gott einfach gemacht:

Im September 2011 haben wir uns verlobt. Im Oktober 2011 standesamtlich geheiratet. Im August 2012 kam die kirchliche Trauung. Zum Schuljahr 2012/2013 durfte ich dann endlich nach Baden-Württemberg wechseln und unsere Fernbeziehung beenden. Im Winter 2012 bauten wir unser Haus. Holger wurde durch seinen eisernen Willen mit viel Training trotz gebrochener Hand und Milzriss wieder gesund. Er spielt heute Geige wie früher und fährt auch wieder Rennrad. Im Juni 2015 wurde unser Sohn Emanuel geboren und im März 2018 unser Sohn Gabriel.

Ich frage mich heute noch, wie Holger es durch das Fernsehen erkennen konnte, dass ich die Frau bin, die er heiraten wollte. Aber er war sich von Anfang an so sicher. Und für mich hat meine Geschichte mit all den schwierigen Erlebnissen im Vorfeld nun auch Sinn.

Wir sind Gott unendlich dankbar. Es ist unser persönliches Wunder, dass wir 2021 hoffentlich unseren 10. Hochzeitstag mit unseren Söhnen feiern werden. Und Andi Weiss sind wir auch dankbar, dass er mich damals zu 37° gebracht hat.

Marina Elflein, Sonderschullehrerin, Jahrgang 1979, Geislingen an der Steige

Mein blondes Wunder

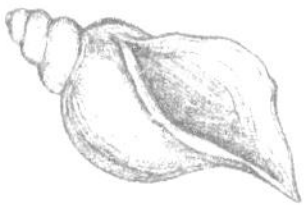

An einem regnerischen, kühlen Frühlingstag erhielten wir von Freunden in Portugal die Einladung zu einem Sommerurlaub bei ihnen im Süden. Wir sollten unsere Kinder ins Auto laden und losfahren – vom Norden Deutschlands durch Frankreich und Spanien bis nach Vilar Formosa und dann auf der Schnellstraße bergab bis in das kleine Fischerdorf im Westen des Landes, umgeben von Eukalyptus- und Pinienwäldern.

Wir taten es, fuhren los, picknickten am Rande von wogenden Kornfeldern und im Schatten uralter Mauern, übernachteten bei netten Verwandten und unter dem herrlichen Sternenhimmel und kamen nach 3232 Kilometern wohlbehalten und glücklich in Portugal an. Was für eine Wiedersehensfreude!

Von nun an aßen wir, wenn wir hungrig waren, schliefen, wenn wir müde waren, lernten Marisa, Maria, Arcindo und die anderen Freunde unserer Freunde kennen. Die Nachbarn luden uns auf einen Plausch ein, wir bestaunten ihre Wohnung und probierten den hausgemachten Portwein. Wir kauften unsere Brötchen bei Senhora Lourdes, tranken selbst zubereitete Zitronenlimonade im Garten und Kaffee bei Cesar, und natürlich sang mein Mann im kleinen Kirchenchor mit.

Aber am schönsten war es am unendlich erscheinenden Atlantik. Wasser, so weit die Augen reichten. Darüber ein azurblauer Himmel, von welchem die Sonne warm auf uns herabschien. Die Luft schmeckte salzig, der Wind zerzauste die Haare. Es roch nach Meer. Die Wellen brausten. Und was waren das für Wellen! Krachend und donnernd brachen sie sich, hoch spritzte die Gischt und dann rollten sie weit auf den feinen, weißen Sand.

Nur selten waren außer uns irgendwo noch ein paar Menschen zu sehen. Manchmal konnten wir Fischer beobachten, wie sie mit ihrem bunt bemalten Boot zuerst gegen die mächtigen Brandungswellen kämpften und später das Netz auslegten. Kamen sie dann zurück, halfen auch zwei wunderschöne, hellbraune, starke Ochsen, das Netz an Land zu ziehen. Wir schauten fasziniert bei dieser schweren Arbeit zu.

Meist aber beobachteten wir unsere Kinder, wie sie im Wellensaum herumrannten, Steine, Muscheln und Schätze sammelten, Sandburgen, Staudämme und Kanäle bauten. Wir spielten mit ihnen in den Wellen und vergaßen die Zeit.

Nach einigen Tagen merkten wir, dass die Strömung eine Art Lagune zwischen zwei Sandbänken geschaffen hatte, in welcher es sich besonders schön baden, spielen und toben ließ. Erst dahinter brachen die gigantischen Wellen. An einem herrlichen Julitag war ich mit unserem Jüngsten allein ans Meer gefahren. Der Vater blieb mit den älteren Geschwistern im Dorf. Als wir am Strand ankamen, war Ebbe. Ruck, zuck umgezogen, gingen wir beide ans Wasser. Ich setzte mich auf die vordere, trockene Sandbank und beobachtete, wie mein Kind im für ihn oberschenkeltiefen Wasser glücklich herumtollte und sich auf seinem Schwimmring treiben ließ. Er war ein kerngesunder Bursche mit strohblondem, kurzem Haar und herrlich wasserblauen Augen.

Und doch begann sein Leben neun Jahre zuvor höchst dramatisch. Sein Überleben damals wurde vom behandelnden Oberarzt der Kinder-Intensivstation als Wunder eingestuft. Als wir unser Baby endlich, nach vielen Tagen voller Angst und Sorgen, aus dem Krankenhaus nach Hause holen durften, bekamen wir keinerlei Entwicklungsprognosen. Wieder einmal durchflutete mich eine Woge der Dankbarkeit für unser blondes Wunder.

Ich merkte, dass die Flut kam, denn auf meiner Sandbank wurde es nass. Irgendwann hatte auch der Wicht Hunger. Es gab Kakao und Butterbrötchen, bevor er mit seiner Schaufel den Strand umgrub, Kunstwerke aus Sand entstehen und vom Meerwasser wieder wegspülen ließ und erneut ins Wasser strebte. Vergnügt turnte unser Sohn in der Lagune herum und holte sich dann wieder seinen Schwimmring. Noch eine mütterliche Ermahnung: „Bitte nur bis zur Sandbank!" und ein fröhliches „Jaha!" als Antwort. Ich beobachtete, wie unser Jüngster sich wieder in der kleinen Lagune tummelte und auf seinem Schwimmring schaukelte. Er trieb etwas nach rechts ab. Ich stand auf, um ihm das zu signalisieren. Aber auf einmal war der Junge schon auf Höhe der Sandbank, und ich ebenso schnell im Wasser. Plötzlich sah ich seinen Schwimmring im Wasser Richtung Strand treiben und einen kräftigen großen Mann an mir vorbeirennen. Er griff den Schwimmring, schmiss ihn aber sofort wieder fort. Ohne zu zögern versuchte ich, so schnell wie möglich ins Tiefe zu kommen. Ich sah unseren Burschen in Sandbankhöhe unmittelbar vor den Brechern. Die Strömung riss mir die Beine weg, eine Welle klatschte mir ins Gesicht. Das Salzwasser brannte in meinen Augen. Ich kam nicht vorwärts. Der blonde Schopf unseres Jüngsten verschwand in den Wassermassen, tauchte wieder auf und ging unter in der weißen, tosenden Gischt der nächsten, sich gerade brechenden Welle. Ich glaubte, einen zweiten Kopf neben dem blonden zu sehen, aber in dem Moment kam der große Mann erschöpft, traurig und kopfschüttelnd von vorn und kämpfte sich zum Strand.

Plötzlich befand ich mich im knietiefen Wasser. Vor mir stand ein kleinerer Mann mit trockenem, schulterlangem hellem Haar und einer roten Badehose. An der linken Hand hielt er unseren Sohn, der neben ihm stand. Ich weiß noch, dass ich mit butterweichen Knien und schrecklichem Herzklopfen ein „Dankeschön" stammelte und mein Kind an die Hand nahm. Mit ganz wenigen Schritten waren wir am Strand und bei unserer Decke. Ich hüllte den Kleinen ins Badetuch, gab ihm zu trinken und ließ ihn erzählen. Als er merkte, dass die Strömung ihn ergriffen hatte, hatte er sein Spielzeug losgelassen und war geschwommen. Er war geschwommen und geschwommen. Und als er kaum noch konnte, hatte ihn der fremde Mann gegriffen.

Der große Mann kam zu uns. Er war Franzose und sprach kaum Deutsch. Aber er gab mir zu verstehen, dass ich meinem Kind zu trinken und zu essen geben solle. Später kam er noch einmal. Da schenkte ihm unser Junge ein zaghaftes Lächeln. Wir hielten Ausschau nach dem kleineren Mann. Aber außer dem Franzosen und seiner weiblichen Begleitung war weit und breit niemand zu sehen. Auch vor seiner rettenden Hilfe war er mir nicht aufgefallen. Wo kam er so plötzlich her? Wie kam er so schnell zu unserem Sohn? Ein Engel? Ein Engel! Gott sei Dank!

Heute, 21 Jahre später, durchflutet mich noch immer unendliche Dankbarkeit, wenn ich dem jungen Mann, der einst das schwerkranke Baby war, der in Portugal beinahe ertrunken wäre und der inzwischen weitere Wunder erlebt hat, begegne. Was hat Gott wohl mit ihm vor?

Johanna Ulrich, Krankenschwester, Jahrgang 1963, Schleswig-Holstein

Auf der Bahnsteigkante des Lebens

Meine Oma war gestorben. An einem Mittwoch sollte die Beisetzungsfeier sein. Nur gab es da ein Problem: Durch Deutschland zog sich der Eiserne Vorhang. Ich saß mit meinen Eltern in Hessen. Meine Oma sollte in Sachsen beigesetzt werden. Nach einigem diplomatischen Hin und Her bekam meine Mutter ein Einreisevisum ausgestellt. Auf diesem stand: Einreise mit einer Begleitperson erteilt. Kurzerhand entschied ich mich, mit meiner Mutter mitzufahren. Wir stiegen in den Interzonenzug Richtung Dresden. Gegen Mitternacht hielt der D-Zug am hell erleuchteten Grenzübergang. Unfreundliche Grenzer rissen die Abteiltüren auf, ließen sich die Pässe zeigen, warfen einen Blick in Taschen und Koffer. Zwei Minuten vor der Abfahrt hallten schwere Schritte auf dem Gang. Unsere Abteiltür wurde aufgerissen. Ein etwas untersetzter Offizier fragte, ob ein Herr Jope hier sei. Da außer mir keine weitere männliche Person im Abteil war, bejahte ich die Frage. „Nehmen Sie bitte Ihr Gepäck und kommen Sie mit …“ Ich stieg aus dem Zug und lief dem Offizier, eskortiert von zwei bewaffneten Soldaten, hinterher. In meinem Kopf hämmerte es: *Worum geht es? Wohin bringen die mich? Was wollen die von mir?* Ich hörte einen Pfiff, der Zug fuhr ohne mich ab. Wir liefen durch ein Labyrinth von unterirdischen Gängen. Eine Uhr zeigte mir 0:21 Uhr an. Ich wurde in einen zellenartigen Raum gebracht. Da saß ich nun mit unruhigem Herzen als 16-Jähriger, verschwunden an der innerdeutschen Grenze. Was machte mich trotz allem zuversichtlich? Ich war mir sicher, dass mich mein Vater da raushauen wird. Ich wusste, dass ich in diesem kahlen Kellerraum nicht vergessen bin. Die Telefone liefen in dieser Nacht zwischen Bonn und Ost-Berlin heiß. Ministerialbeamte, ja, sogar der Bundesminister für innerdeutsche Beziehung schaltete sich ein. Nach einer durchwachten, angstvollen und aufregenden Nacht wurde ich gegen Mittag des nächsten Tages von drei Grenzsoldaten nach Eisenach begleitet und dort in den Zug nach Leipzig gesetzt. Während ich von der Bildfläche verschwunden war und nichts tun konnte, hatte sich mein Vater für mich im Hintergrund eingesetzt.

So ist Gott. Auch er ist ein Vater, der sich im Hintergrund für seine Kinder einsetzt. Er denkt an uns, wenn wir ihn im Zug des Lebens vergessen haben, wir ihn sogar vielleicht frustriert oder schulterzuckend vor die Tür gesetzt haben. Dieser Gott ist dabei, wenn wir an Grenzen kommen, wir unerfüllt, hungrig und durstig in den Zellen und auf den Bahnsteigen des Lebens stranden. Dieser Gott ist dabei, wenn wir an der falschen Stelle ausgestiegen oder gar unfreiwillig aus unserem Zug rausgeholt worden sind. Dieser Gott setzt sich für uns ein, der haut uns raus, der läuft uns nach, der liebt uns und telefoniert sich für uns die Finger wund. Ja, Gott klopft im Hintergrund ein Leben lang bei uns an. Das Loch in unserer Seele lässt sich nicht zuspachteln. Dieses Loch in uns wird nur gefüllt durch den, der Sehnsucht nach uns hat. Wie schrieb schon Kirchenvater Augustinus: „Du hast uns zu dir hin geschaffen, Gott – und unruhig ist unser Herz, bis es Ruhe findet in dir." Wo immer wir auch stehen und versackt sind: Gott haut uns raus, setzt sich im Hintergrund liebend für uns ein.

Rüdiger Jope, Redakteur, Jahrgang 1969, Wetter an der Ruhr

Ein Zuhause in Gott

Es ist wieder einmal so weit. Ich mache mich ein letztes Mal auf den Weg durch unsere Wohnung. Sie ist fast leer. Die Schränke stehen in Einzelteile zerlegt vor der Türe, und vollgepackte Kisten warten auf unsere Umzugshelfer. In mir jedoch werden in dieser Situation nochmals Erinnerungen wach an viele Begegnungen und Erlebnisse mit unserer Familie, mit Freunden und Nachbarn. Hier kam unsere fünfte Tochter zur Welt, und die anderen vier haben erste Schritte in Kindergarten und Schule unternommen. Hier wurde gearbeitet, gelacht und geweint. Hier waren wir alle in unserer Gemeinde verankert.

Als wir vor ein paar Jahren an diesem Ort ankamen, hatte ich eigentlich nicht vor, Wurzeln zu schlagen. Ein erneuter Wegzug war berufsbedingt vorauszusehen und das wiederholte Abschiednehmen schien zu schmerzvoll. Doch ich begriff sehr schnell, dass ein Leben ohne Beziehungen, ohne Geben und Nehmen, keine Heimat schaffen kann. So schmerzt das Loslassen nun umso mehr.

Zwischen meinen Abschiedstränen jedoch bahnt sich ein Bibelvers ganz sachte und leise seinen Weg in meine Gedanken: „Denn wir haben hier keine bleibende Stadt, sondern die zukünftige suchen wir“ (Hebräer 13,14).

Wenige Jahre zuvor hat mir unser damaliger Pfarrer diesen Vers aus dem Hebräerbrief zugesprochen. Wir waren uns nur kurz auf der Straße begegnet und hatten ein paar Sätze miteinander gewechselt. Dieser Vers sollte wohl ein Trost für unseren bevorstehenden Wohnortwechsel sein.

Aber wir haben hier doch unser Zuhause. Mein Mann, unsere Kinder und ich fühlen uns hier in dieser Gemeinde wohl. Hier sind wir angekommen, geborgen und verwurzelt. Ich will doch nicht weiterziehen und auf der Suche sein müssen! So schrie es förmlich in mir. Aber es half nichts. Wieder einmal musste unsere „Familienkarawane ihre Zelte abbrechen“ und in unbekanntem Land neu beginnen.

Im Laufe der Jahre allerdings merke ich, dass mir dieser Vers tatsächlich Trost, Ermutigung und Hoffnung geworden ist. Es stimmt, dass wir hier auf dieser Erde keinen Ort haben, an dem wir wirklich und für immer Heimat finden. Vieles ist so unsicher, flüchtig und vergänglich. Ist es nicht so, dass wir letztlich nur bei Gott so angenommen, umsorgt und geliebt sind, wie sonst nirgendwo? Kann ich mir denn wirklich bei irgendjemandem ganz sicher sein, dass ich vertrauensvoll und gut durchs Leben geführt und begleitet werde?

Als Kind Gottes habe ich schon oft erfahren, dass Gott an jedem Ort und zu jeder Zeit gegenwärtig ist. Gleichgültig, wo und in welcher Situation ich mich gerade befinde. Er ist mit seinem Heiligen Geist immer in, bei und mit mir. Dadurch habe ich schon hier und jetzt Anteil an Gottes himmlischer, ewiger Heimat.

Heute, ein Dutzend Jahre später, bin ich dankbar, dass ich auch unsere „in die Welt hinausziehenden“ Kinder in Gottes Hand und liebender Gegenwart wissen darf. Gottes Heimat ist nicht ortsgebunden. Welch ein Glück! Zwischenzeitlich versuche ich daher an jedem Platz, an den mich Gott für kürzere oder längere Zeit stellt, Heimat zu finden, zu leben und auch zu geben. Dies gelingt mir meist leichten, hin und wieder aber auch schwereren Herzens.

Als meine Mutter nach einem mehrwöchigen Krankenhausaufenthalt gestorben ist, wusste ich, dass ihr irdisches Suchen nun ein Ende hat. Sie ist in Gottes ewigem Zuhause angekommen. Welch ein Geschenk und große Gnade. In den vielen Stunden am Krankenbett war mir das Wissen um Gottes Liebe und Nähe so tröstlich. Zu spüren, dass er nicht nur im Alltagsallerlei zu finden ist, sondern durchs Leben hindurchträgt und führt, lässt mich mutig weitergehen. So möchte ich dankbar und hoffnungsvoll auf dem Weg in Gottes zukünftige Stadt bleiben.

Denn: „Gott, Du so groß und ich so klein, doch Du in meinem Herz und ich bei Dir daheim."

Sonntraut Oßwald, Familienfrau, Jahrgang 1967, Aichwald

Geschenke des Himmels

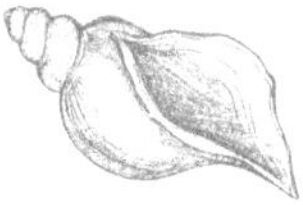

Drei Jahre nach unserer Hochzeit hatten mein Mann und ich den Wunsch nach einem Kind. Es ging dann ganz schnell und ich wurde schwanger. Wir waren sehr glücklich darüber und nahmen an, dass wir neun Monate später stolze Eltern sein würden. Es kam jedoch ganz anders. Nur wenige Tage, nachdem die Ärztin die Schwangerschaft feststellte, bekam ich Blutungen und die Schwangerschaft war schnell beendet. Wir waren sehr traurig und brauchten die vom Arzt empfohlene Wartezeit, bevor wir es erneut versuchten. Ein knappes halbes Jahr später war ich wieder schwanger. Doch auch diese Schwangerschaft endete mit einer Fehlgeburt. Mein Mann und ich verstanden das alles nicht. Ich fragte mich, wie es weitergehen soll. *Wollen wir es noch mal versuchen? Bin ich stark genug, um eine weitere Enttäuschung zu überstehen? Oder bin ich noch gar nicht reif genug, um Mama zu werden?*

Da vor allem mich die Verlusterfahrungen sehr beschäftigten und Kraft kosteten, entschieden wir, unseren Kinderwunsch zunächst zurückzustellen. Ich brauchte eine längere Pause und wollte nicht gleich wieder an eine neue Schwangerschaft denken. So konzentrierte ich mich vor allem auf die letzte Phase meines Studiums. Doch es war schwer. Mein Alltag fühlte sich sinnlos und leer an. Ich wollte nicht einfach weitermachen wie bisher, und doch funktionierte ich irgendwie. In dieser Zeit bekamen auch viele Freunde und Bekannte scheinbar problemlos Babys. Jede Nachricht von einer neuen Schwangerschaft oder Geburt versetzte mir einen Stich. In der Gegenwart von Babybäuchen konnte ich es kaum aushalten. Gott schien den Kindersegen großzügig zu verteilen, nur uns hatte er dabei irgendwie vergessen.

Gut zwei Jahre nach der zweiten Fehlgeburt wagten wir es erneut. Ich hatte mein Studium inzwischen beendet und war in den Berufsalltag gestartet. Wir fühlten uns bereit und wünschten uns so sehr ein Kind. Und es ging wieder recht schnell, dass ich schwanger wurde. In der 9. Schwangerschaftswoche konnte die Frauenärztin jedoch keinen Herzschlag und kein Wachstum mehr bei unserem Baby feststellen. Und wieder folgte ein operativer Eingriff. Ich fühlte mich so beraubt und war tief traurig. Zur Trauer kamen auch Wut und Scham hinzu. Sätze wie: „Ihr seid jung und könnt noch viele Kinder bekommen" oder „Das Leben geht weiter" vermochten nicht zu trösten, sondern verletzten zusätzlich. Niemand konnte diese Leere und diesen Schmerz in mir nachfühlen. Und trotzdem gab es Momente der Anteilnahme durch Mitweinen, Nachfragen und Zuhören. Als wir nicht mehr wussten, wie wir beten können, übernahmen das andere für uns.

Unser Weg führte uns schließlich in eine Kinderwunschklinik. Ich begriff einfach nicht, warum ich problemlos schwanger wurde, die Babys aber nicht bei mir blieben! In diesem Zusammenhang konnte letztlich eine Schilddrüsenunterfunktion bei mir festgestellt und medikamentös behandelt werden. Nachdem wir von den Ärzten grünes Licht bekamen (ca. anderthalb Jahre nach der dritten Fehlgeburt), wurde ich erneut schwanger. Wir waren zuversichtlich, Freude stellte sich aber trotzdem nur sehr zaghaft ein. Und leider verlor ich auch dieses Kind viel zu früh.

Diese Erfahrungen waren eine Belastungsprobe für unsere Ehe. *Warum wir? Wann würde diese Talfahrt endlich enden? Was mutet Gott uns zu?* Ich fühlte mich als Frau so unfähig und nutzlos. Das Muttersein erschien mir unerreichbar fern. Wie sehr wünschte ich meinem Mann eine andere, die ihm Kinder geben kann. Doch er stand liebevoll und treu zu mir, hielt mit mir die Enttäuschung und Trauer aus. In dieser Zeit konnten wir uns kaum noch vorstellen, jemals eigene Kinder in den Armen zu halten. Zu groß waren die Zweifel an Gottes Gnade und Güte für uns. Wie sollten wir noch vertrauen, dass er es gut mit uns meint?

Nach der vierten Fehlgeburt war ich schließlich an dem Punkt, unseren Kinderwunsch aufzugeben. Oder sagen wir besser, ihn loszulassen und ganz in Gottes Hände zu geben. Unter vielen Tränen und Schmerzen konnte ich nur noch kapitulieren. Dennoch blieben Sehnsucht und ein Funke Hoffnung zurück.

Unsere vier Sternenkinder haben Lücken und Spuren hinterlassen. Ihr Verlust lässt uns hoffen, sie im Himmel wiederzufinden. Wir mussten lernen, das Leben mit anderen Augen zu sehen. Es ist kostbar und ein Geschenk, nichts ist selbstverständlich! Gottes Wege sind bis heute nicht zu verstehen für uns. Doch im Rückblick können wir nur staunen. Gott hat unsere Welt durch drei weitere Schwangerschaften heilsam auf den Kopf gestellt. Es war ein Weg, auf dem Gott uns immer wieder zuflüsterte: „Gebt mir eure Unsicherheit und Angst, vertraut mir!“ Aus unserem tiefsten Schmerz ließ er größte Freude entstehen. Heute bin ich Mama von drei wunderbaren Kindern, die ich auf natürlichem Weg empfangen, in meinem Körper beherbergen und schließlich auch zur Welt bringen durfte. Welch atemberaubendes Glück! Diese Kinder machen mein Leben bunt und reich. Wenn ich sie ansehe, so weiß ich, es sind Geschenke des Himmels. Es ist ein Wunder, dass es sie gibt!

Andrea Bräunig, Dipl. Psychologin, Jahrgang 1982, Großrückerswalde

Eine Liebeserklärung

„Du sollst den Herrn, deinen Gott, lieben von ganzem Herzen, von ganzer Seele, von allen Kräften und von deinem ganzem Gemüt und deinen Nächsten wie dich selbst“ (Lukas 10,27).

Wann hast du das letzte Mal eine Liebeserklärung bekommen?

Zu einer Liebeserklärung gehören zwei Personen, die sich – im besten Fall unter einem wunderschönen klaren Sternenhimmel oder zumindest händchenhaltend – anlächeln, sich ihre Zuneigung und Liebe gestehen und sich wünschen, ihre Beziehung weiterhin zu vertiefen. In meinem Fall war es etwas anders und doch nicht weniger spannend. Ich werde es nicht vergessen, weil Gott mir an einem ganz gewöhnlichen Freitag auf äußerst ungewöhnliche Weise die Augen öffnete: mithilfe eines Zeitungsartikels. Eigentlich ist Freitag mein Putztag. In einer kleinen Pause las ich inmitten von Putzeimer, Staubsauger und meinem dreckigen Wohnzimmer einen Zeitungsbericht über Hochsensibilität. Sollten meine starken Gefühlswechsel von hoher Empathie bis unkontrollierter Wut und meine anscheinend geringe Belastbarkeit etwa darin begründet liegen? *Gott, bist du dir sicher? Vor drei Jahren habe ich dich schon einmal danach gefragt und nun erklärst du mir so nebenbei, ich sei doch hochsensibel?* Statt weiter zu putzen, setzte ich mich an unseren PC. Ich wollte Klarheit durch einen entsprechenden Test bekommen. Dieser Test sprach seine eigene Sprache. Aufgewühlt, immer noch nicht vollständig überzeugt, wiederholte ich drei Tage später einen ähnlichen Test. Hatte ich in der Auswertung des ersten Testes über meine hohen Punkte gestaunt, war ich nach der Auswertung des zweiten Tests sprachlos. Allerhöchste zu erreichende Punktzahl! *Ich, hochsensibel!!*

Zunächst konnte ich diese Erkenntnis nicht einordnen. Doch als ich genauer hinsah, sah ich mich wie in einem Spiegel. Dieses Wissen wurde für mich zum Befreiungsschlag. Dieses „Mich-selbst-neu-Wahrnehmen“ war für mich Gottes Antwort auf meine Ausgangsfrage. Allen romantischen Vorstellungen zum Trotz: Gott investierte auf diese Art und Weise in unsere Beziehung und zeigt mir seitdem so seine Liebe zu mir. Dadurch lernte ich, mich tatsächlich anzunehmen und vor allem, mich selbst zu lieben. Zusätzliche beratende Gespräche und das Buch „Hochsensible Lastenträger“ waren mir eine große Hilfe.

Bald bekam ich eine Einladung meiner Beraterin zu ihrem Seminar „Träume leben“, die ich gerne annahm. Während dieses Seminars wurde mir deutlich, dass es einen herausragenden unerfüllten Wunsch gab, der mich seit meiner Kindheit begleitete: Ich will von Gott und seiner großen Liebe zu den Menschen schreiben. Geschichten, Gedichte, Andachten, Artikel für christliche Zeitschriften. War das nun mit meiner Familie und meinem ach so rational denkenden Mann vereinbar? Das war der entscheidende Punkt, würde er mich verstehen und unterstützen? Ich fürchtete, von ihm nicht ernst genommen zu werden. Alte Gefühle und Muster überrollten meinen doch so großen Wunsch. Immerhin machte ich mich auf, mit unseren Freunden zu reden. Die überraschten Freunde versuchten zu verstehen, konnten es nur teilweise, ermutigten mich aber, mit meinem Mann darüber zu sprechen.

Die Angst und Mutlosigkeit wurden aber so groß, dass ich mich selbst nicht mehr ernst nahm. Anstatt Gott als meinen liebevollen Partner agieren zu lassen, stürzte ich mich in die Arbeit, von der es zum damaligen Zeitpunkt wirklich genug gab: Meine Mutter wurde pflegebedürftig und ich musste mich darum kümmern. In der Gemeinde und privat war ich auch ständig gefordert: Begrüßungsgottesdienst für die neue Pastorin, Moderation und Liederbegleitung im Gottesdienst, Organisationsaufgaben für die Gemeinde, Renovierung unseres Wohnzimmers. Zudem beanspruchte ein neues Projekt an der Arbeitsstelle meines Ehemannes ihn sehr, sodass ich zu Hause wirklich alles alleine stemmen musste. Als ich schließlich links einen Tennisarm und eine Entzündung in der linken Hand hatte, wachte ich allmählich in meinem Hamsterrad auf. Diese absolute Unzufriedenheit mit allem, einschließlich mir selbst, mündete in starke körperliche Erschöpfung. Nach fünf Monaten äußeren und inneren Chaos gestand ich mir ein, dass es so nicht weiterging. Doch was sollte ich tun? Konnte ich das Rad einfach so zurückdrehen? Ach, und was war mit Gott? Auf einem Spaziergang am Rhein entlang kamen Gott und ich wieder neu ins Gespräch. Ich versuchte, mich zu erklären und zu rechtfertigen, bis schließlich Gott das Wort ergriff: „Du musst mir deine Liebe nicht beweisen, Klaudia!" Damit nahm er mir allen Wind aus den Segeln. Berührt und ergriffen blieb ich stehen. Mir wurde klar, dass Gott doch längst die wahren Motive meines Handelns kannte und er mich jetzt liebevoll damit konfrontierte. Wie ging ich mit meinem bisher unerfüllten Traum, dem Schreiben, um? Beziehungsweise: Warum konnte ich ihn nicht erfüllen? Welche Kommunikationsschwierigkeiten und „alte" Denkmuster beherrschten unsere Ehebeziehung? Und wie waren sie lösbar?

In dieser stillen Atmosphäre der Rheinaue hielt ich die Wahrheit aus, die mich schmerzte und vor der ich weggerannt war. Ich gestand mir und Gott diese Schwächen schließlich ein und bat ihn sowohl um seine Vergebung, als auch um seine Hilfe und Korrektur. Diese erfolgte durch die Begegnung mit zwei Menschen, die Gott mir genau an dieser Stelle schenkte, und durch die wiederum der Kontakt zu einer Eheberatung zustande kam. (Seitdem sind mein Mann und ich auf einem neuen Weg, der geprägt ist von Achtsamkeit und Ringen um gutes Reden und Handeln.) Außerdem galt es, erst mal runterzufahren. Radikal reduzierte ich die Gemeindeaktivitäten und andere regelmäßige

Events. An manchen Stellen fiel es mir sehr schwer, eigene Ideen und Gedanken loszulassen. Doch mittlerweile lerne ich, Gottes liebende Gedanken für mich zu hören, ihnen allererste Priorität in meinem Leben einzuräumen und danach zu handeln.

Dazu gehört auf jeden Fall auch das Schreiben meiner Anstöße, Gedichte, Bildmeditationen und weiterer Texte. Ich bin mutiger geworden, probiere etwas mehr aus, zeige sie anderen Menschen und versuche mittlerweile, die Kanäle zu finden, die mir am ehesten liegen, um meine „Werke" weiter zu präsentieren.

In den letzten vier Jahren hat sich meine Gottesbeziehung sehr verändert: Gott hat mir eine neue Sicht auf ihn und auch auf mich selbst geschenkt. Dadurch hat unsere Beziehung eine neue Qualität bekommen, und das habe ich als sehr befreiend erlebt. Daraus resultiert auch eine neue Gesprächskultur zwischen Gott und mir. Dankbar spüre ich seine Nähe, danke ihm jedes Mal aufs Neue für sein persönliches Handeln und für seine Liebe zu mir.

Klaudia Wolf, Erzieherin, Jahrgang 1973, Wesel

Eine Einladung mit Folgen

Ein ganz gewöhnlicher Donnerstagabend. Alle Hauskreise des Dekanats Fürth sind in Veitsbronn zu einem Treffen eingeladen. Ich setze mich an einen Tisch mit einer Bekannten. Rechts neben mir sitzt ein älterer Herr und auf der anderen Seite nimmt die Vikarin der Gemeinde Platz. Zusammen denken wir darüber nach, wie Kirche auf Menschen zugehen könnte, damit sie sich wieder herzlich eingeladen fühlen.

Das Konzept „Back To Church-Sunday“ aus der anglikanischen Kirche wird vorgestellt. Alle überlegen sich, wann sie zum letzten Mal eine Einladung bekommen haben und wie das für sie war. Die Gespräche am Tisch schweifen in ganz unterschiedliche Richtungen. Eine Frau erinnert sich an die überraschende Einladung von alten Freunden zum Abendessen. Ein Mann kommt über seine Kirchengemeinde ins Gespräch, in der die Atmosphäre so gar nicht einladend ist mit den kalten Kirchenbänken und einer Handvoll alten Leuten, die sich noch zum Gottesdienst versammeln. Für manche ist das Thema „Einladungen“ herausfordernd, weil sie sich selbst nicht eingeladen fühlen. Ich werde mir bewusst, wie schön es ist, den Anruf eines alten Freundes zu bekommen, der sich mal wieder auf ein Bier mit mir treffen will.

Und dann, gegen Ende des Abends, kommt ganz unverhofft der Moment, an den ich mich wohl für immer erinnern werde. Nach der Veranstaltung stehen noch alle am Tisch zusammen, als mich die Bekannte fragt: „Kommst du auch am 29.6. zum Konzert in unserer Kirche?“ Ich überlege nicht lange: „Nein, da kann ich leider nicht. Ich hab da Geburtstag.“ Meine Worte verhallen gerade noch, da antwortet die Vikarin neben mir: „Ich hab auch am 29.6. Geburtstag.“ Und ein Mann am anderen Tischende:

„Meine Frau auch." Das Gelächter ist groß, und noch viel größer die Freude, dass sich an einem Abend gleich drei „Geburtstagsgeschwister" gefunden haben, auch wenn die Einladung zum Konzert in diesem Fall nicht positiv beantwortet werden konnte. Sie hat in diesem Moment trotzdem drei Menschen miteinander verbunden und mir damit den eigentlichen Wert jeder einzelnen Einladung bewusst gemacht.

Christian Probst, Pfarrer und Filmjournalist, Jahrgang 1973, Fürth

Du bist mein Wunder

Jedes Kind ist ein Segen und ein kleines Wunder. Aber das bemerken wir oft erst wirklich, wenn es uns plötzlich genommen wird.

Es war an einem Montagnachmittag, kurz vor fünf. Wir waren auf dem Rückweg zu unserem Bauernhof auf der Halbinsel Eiderstedt in Nordfriesland, wo wir mit Oma und Opa eine Woche Kurzurlaub machten. Wir, das waren meine Kinder Matteo (5), meine kleine Tochter Elena (damals knapp 2) und ich. Der Vater der beiden war am Morgen zur Arbeit gefahren, denn er konnte wegen eines Jobwechsels kurz zuvor leider keinen Urlaub nehmen und war deshalb nur übers Wochenende gekommen.

Keiner von uns sah den Zug kommen, der mitten auf diesem Feldweg unseren Weg kreuzte. Weder mein Vater am Steuer, noch meine Mutter und ich hinten, noch die beiden Kinder. Ich sah ihn im allerletzten Moment, konnte grade noch „… der Zug!“ rausbringen, bevor er unser Auto erfasste und 50 Meter mit sich schleifte, während ich das Bewusstsein bei dem Aufprall verlor. AUS!

Alles, was nach dem Unfall passierte, kam mir vor wie im Film: Rettungshubschrauber, Krankenwagen, eine schreiende kleine Maus, die sich panisch an Mama klammern wollte, aber nicht durfte, bis man wusste, welche Rückenverletzungen ich hatte, und immer wieder diese Frage aus meinem Mund: „*Wo ist mein Sohn?!*“ oder „*Wie geht es meinem Sohn?!*“ und „*Hat jemand meinen Sohn gesehen?!*“ Meine Fragen verhallten im Nichts. Im Krankenwagen auf dem Weg zum Klinikum in Heide erfuhr ich auf sehr hässliche Weise, dass er diesen Unfall nicht überlebt hatte, dass sein kleines Herz aufgehört hatte zu schlagen und dass ich ihn nie wieder sehen, seine kleine Hand halten, mit ihm sprechen und mit ihm kuscheln konnte. Die starken Schmerzen, die ich durch meine schweren Verletzungen empfand, traten augenblicklich in den Hintergrund, denn in diesem Moment zerriss es mein Mutterherz, welches für einen Augenblick stehen blieb. An diesem Tag schien mein Leben – gefühlt – zu enden. Auf einen Schlag erschien alles sinnlos. Wie sollte ich ohne ihn und mit kaputtem Herzen weiterleben?! Er, der mein erstes Kind war. Der Sohn, den ich mir doch zuerst so sehr als Tochter gewünscht und dann umso mehr als Junge lieben gelernt hatte. Dieser Schatz, den Gott mir geschenkt und anvertraut hatte. Ich würde ihn nun nicht mehr aufwachsen sehen, seine schlauen Sprüche würden im Alltag fehlen, seine langen Haare nicht mehr morgens zum Zopf gebunden werden müssen. Sein Protest, ein Junge zu sein, obwohl er lange Haare hatte, würde nie mehr im Raum stehen. Alles schien grau und ohne Hoffnung. Mein großes Wunder war von einem Moment zum anderen nicht mehr da.

Dennoch gab ich Gott niemals die Schuld an diesem Unfall. Genauso wenig wie meinem Vater. Gott hatte keine superleisen Züge konstruiert, schrankenlose Bahnübergänge gebaut und sehr schallisolierte Autos in Produktion gegeben. Und mein Vater war immer der Autofahrer gewesen, dem ich am meisten vertraute. Wenn also selbst ihm so etwas passieren konnte, dann konnte sich niemand (also auch ich) davon freisprechen, den gleichen Fehler zu begehen.

Ich lernte im Laufe der folgenden Jahre, genau wie mein Vater und auch der Vater meiner Kinder, damit umzugehen, damit zu leben, dass nun zu Hause von jetzt auf gleich nur noch ein Kind war, welches auch darunter litt, dass der große Bruder so plötzlich für den Rest seines noch so langen Lebens fehlen wird. Und dass sie den Unfall mit nur einem Kratzer überlebte, war auch ein großes Wunder, da alle anderen sehr schwer verletzt wurden!

Dieses „Loch“, das nun in der Familie klaffte, kam aber nicht nur durch das Fehlen des großen Kindes. Unsere Familie fühlte sich nun unvollständig an, weshalb nach nicht allzu langer Zeit für uns alle klar war, dass wir so gern wieder ein zweites Kind bei uns hätten. Leider schien dies nicht so einfach umsetzbar zu sein wie vorher. Was wir auch taten, es klappte einfach nicht. Unser Kinderwunsch blieb unerfüllt.

Wir setzten uns eine Frist und entschieden, dass wir es mit dem Schwangerwerden probieren wollten, bis unsere Tochter 5 sei, danach würden wir es lassen. Wir wollten nicht um jeden Preis wieder ein zweites Kind. Wir wünschten uns, dass die Kinder noch Spielgefährten füreinander sein könnten und ein Zusammenhalt spürbar wäre, was bei zu großem Altersabstand immer schwieriger würde. Die Beratung in einem Kinderwunschzentrum machte uns schnell klar, dass allenfalls eine Hormonbehandlung infrage käme, viel mehr aber auch nicht. Also ließen wir uns darauf ein. Genau eingehaltene Timings für Untersuchungen, Spritzen und alles, was dazu gehörte. Und Bingo: Gleich beim ersten Versuch klappte es. Ich war endlich wieder schwanger. Knapp 2 Jahre, nachdem Matteo viel zu früh in den Himmel gekommen war, wuchs ein neues Familienmitglied unter meinem Herzen. Ich war euphorisch und ängstlich zugleich, denn ich hatte ehrlich gesagt nicht damit gerechnet. Gott hatte mein Flehen erhört, mein kaputtes Herz schien wieder ein Stück weit zu heilen.

Ich hielt es nicht aus, bis abends zu warten, um es dem Vater zu sagen. Also rief ich ihn an.

Er schien am anderen Ende noch überraschter als ich – nur irgendwie erheblich kühler und absolut nicht glücklich. Ich war irritiert. War das nur ein Gefühl oder stimmte da etwas nicht?!

Ziemlich schnell wurde nun klar, dass er die ganze Sache mit dem Unfall und dem Verlust unseres Sohnes noch nicht – wie gehofft – verarbeitet hatte. So kam es, dass er mir wenig später offenbarte, dass er in einer großen Krise stecke und nicht wisse, ob er überhaupt noch Familie leben könne und wolle. Ich war schockiert. Er wollte doch auch die ganze Zeit wieder ein zweites Kind, und nun das?! Die folgenden Monate der Schwangerschaft waren durchzogen von Trauer, Einsamkeit, Wut und allem, was man bei einer Trennung durchlebt. Mein Herz wurde noch mehr zerbrochen.

Er wollte gehen, uns verlassen und sagte immer wieder, dass er nicht einmal wüsste, ob er das Kind, wenn es da sei, überhaupt annehmen und lieben könne. Dementsprechend beobachtete er auch meinen wachsenden Bauch. Er behandelte mich immer mehr wie eine Fremde an seiner Seite, war so kühl zu mir, distanziert und manchmal sogar gemein. Ich fühlte mich oft taub und innerlich leer, weinte viel und wusste, dass er nur bei uns blieb, weil er seine schwangere Frau und kleine Tochter nicht alleinlassen konnte. Dann hätte er bei seiner Familie und seinen Freunden verspielt.

In dieser Zeit fühlte ich mich zwar oft einsam und allein, spürte aber immer Gottes Nähe. Bei ihm konnte ich sein, wie ich war. Ich konnte mich ausheulen und allen Kummer loslassen. Er hielt mich fest und tröstete mich auf verschiedenste Weise und gab mir immer das Gefühl, dass alles irgendwie gut werden würde. Mit diesem Gefühl konnte ich dieses kleine Wunder unter meinem Herzen trotz des wilden Durcheinanders um mich herum mit unglaublich viel Liebe und Freude beschenken – weil Gott mich damit beschenkte.

Als ich erfuhr, dass es wieder ein Junge werden würde, weinte ich bitterlich – einerseits aus Freude, wieder eine Jungs-Mama zu werden, und andererseits aus Angst, ihn ständig mit seinem großen Bruder im Himmel zu vergleichen. Und dann kam der Tag, als er geholt wurde: der 1. Januar 2018.

Samuel Christopher wurde geboren, die Leerstelle in der Familie wurde durch ihn neu besetzt. Und er war das Schönste, was mir seit unserem Unfall passiert war. Er war mein Wunder und das ist er noch heute.

Mein Mann zog aus, als Samuel 3 Monate alt war. Alle Hoffnung auf einen Sinneswandel war von einem Tag auf den anderen zerplatzt. Aber es machte mir nicht mehr so viel aus, wie ich das ganze Jahr zuvor befürchtet hatte. Ich hatte wieder einen (kleinen) Mann im Haus, der mein Leben erhellte und es wunderbar machte. Meine beiden Kinder sind meine Wunder, und ich weiß jetzt, dass mit Gottes Hilfe nichts passieren kann, was mein Leben so sehr erschüttert, dass es aus den Fugen gerät.

Samuel ähnelt in vielerlei Hinsicht seinem großen Bruder sehr. Seine Charakterzüge und auch sein Aussehen sind ihm manchmal erschreckend ähnlich, und doch ist er wiederum ganz anders. Eben Samuel und nicht Matteo. Er ist so perfekt wie er ist: offen, fröhlich, immer gut drauf, dickköpfig, musikalisch, warmherzig, groß (58 cm und 4270 g waren wirklich nicht klein für ein Neugeborenes) und großmütig, verständnisvoll, humorvoll, tröstend und einfach mein Wunder, für das ich Gott jeden Tag neu danke.

Marzia Plichta, Sängerin, Moderatorin, Sprecherin, Jahrgang 1979, bei Hamburg, www.marzia.de

Der Mantel meines Vaters

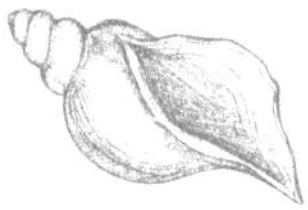

„Aussteigen! Wagenkontrolle.“ Verschreckt klettere ich aus unserem Auto, spüre die Angst meiner Mutter, registriere die gespielte Freundlichkeit meines Vaters. Die tschechischen Grenzpolizisten werfen Blicke ins Wageninnere, in Koffer und Taschen. Visa werden überprüft, Mark in Kronen umgetauscht, dann dürfen wir wieder einsteigen.

Vati startet den Motor, keiner sagt einen Ton. Nach fast zwanzig Jahren wagen meine Eltern, die frühere Heimat zu besuchen, die heute hinter dem Eisernen Vorhang liegt. „Eiserner Vorhang“ scheint etwas mit Schlagbaum, Kontrollen und Befehlston zu tun zu haben. Nein, dieses Reiseziel lockt mich mit meinen zwölf Jahren nicht, nach dem Erlebnis an der Grenze noch weniger. Was will ich in den kleinen Dörfern, aus denen meine Eltern kommen?

Die Fahrt dehnt sich, die Straßen sind voller Schlaglöcher. Allmählich wird meinem Vater die Gegend vertraut. Wir fahren den Führspannsberg hinunter in sein Heimatdorf Willenz, heute „Bilenec“. Kurz hinter dem Ortsschild sitzt ein älterer Mann auf einer Bank vor einem niedrigen Häuschen und mustert die vorbeifahrenden Autos; genau wie ein Schulfreund meines Vaters es geschildert hatte.

Mein Vater stellt das Auto ab, steigt aus. Der kleine rundliche Mann geht auf Vati zu, spricht ihn auf Deutsch an. Dann umarmt er Vati sehr lange, die Tränen laufen ihm über die Wangen. Auf Vaters Zeichen steigen wir aus und werden alle umarmt von Josef und Anna Koksch, die inzwischen auch nach draußen gekommen ist.

In umständlichem Deutsch heißen sie uns willkommen, bitten uns ins Haus. Anna Koksch beginnt, Essen zu richten, entschuldigt sich: Wenn sie nur gewusst hätte, dass wir kommen! Wie viel Zeit wir denn haben? Natürlich müssen wir über Nacht bleiben. Ein Hotel kommt nicht in Frage. Ob wir sie beleidigen wollen?

Die Herzlichkeit unserer Gastgeber überstrahlt die ärmliche Wohnstube. Ganz beschämt von solcher Gastfreundschaft essen wir mehr, als wir zu Hause je verzehrt hätten. Trotzdem fordert uns Anna immer weiter auf, nachzunehmen.

Nach dem Essen erkundigt sich Vati nach dem Friedhof, woraufhin Josef Koksch sofort seine Jacke vom Haken nimmt. Mein Vater solle aber nicht erschrecken, der Friedhof sei in ähnlich schlechtem Zustand wie das ganze Dorf. So machen wir uns alle auf, nur Anna bleibt zurück, will sich um das Kaffeetrinken kümmern.

Ein ausgewaschener Weg führt durch eine alte Allee hügelan, wo sich ein Türchen quietschend öffnen lässt. Die nicht ganz zutreffende Erinnerung meines Vaters korrigiert Josef dezent und führt uns zielstrebig ans Grab meiner Großeltern. Das Grab ist bepflanzt und frisch geharkt. Ein Rundgang über den Friedhof zeigt einige gepflegte Grabstellen mit deutschen Namen, alle sind meinem Vater vertraut. „Weißt du, wer sich um die Gräber kümmert?“, wendet sich Vati an unseren Gastgeber. Josef nickt, er habe gewusst, die Angehörigen würden irgendwann wiederkommen, um die Gräber aufzusuchen. Deshalb habe er sich ein wenig der Sache angenommen.

Rasch wechselt er das Thema, schlägt vor, Vatis Elternhaus aufzusuchen. Der Bauernhof wird unsere nächste Station. Ein tiefer Riss zieht sich schräg durch das Mauerwerk an der Straße. Von Josef mehrfach ermutigt, gehen wir durch einen Torbogen auf den mit Gras bewachsenen Innenhof. Auf der Rückseite des Hauses wird eine abgetretene Steintreppe sichtbar, die zur

Eingangstür führt. Mir ist mulmig, als würden wir etwas Verbotenes tun. Auch meine Eltern wirken nervös, tauschen Blicke aus.
„Sollen wir nicht lieber umdrehen?", fragt meine Mutter.

Die nächste Runde Essen wartet auf uns, Anna hat Kuchen hergezaubert. Nun wird erzählt von Menschen, deren Namen ich nicht kenne, alte Geschichten werden aufgetischt. Zwischendurch sprechen unsere Gastgeber Tschechisch, Annas Muttersprache, während Josef beide Sprachen beherrscht. Als sogenannter „Halbtrommler" mit einem deutschen und einem tschechischen Elternteil ist er nicht vertrieben worden. Josef will meinen Eltern ermöglichen, den Hof, aus dem mein Vater stammt, noch einmal von innen zu sehen. In seinem Eifer ist er nicht zu bremsen.

Am nächsten Tag gehen wir erneut zum Elternhaus meines Vaters; Josef hat die Bewohner auf unser Kommen vorbereitet. Langsam öffnet eine Frau die Tür. Da sie kein Deutsch spricht, übersetzt Josef. Die Frau, nennen wir sie Vera, blickt nur kurz hoch, dann wieder zu Boden. Es sei ihr sehr unangenehm, dass sie hier mit ihrer Familie leben muss, man habe ihnen dieses Haus zugewiesen. Auch sie seien vertrieben worden, sie schaut in die Ferne. Sie seien Wolhyniendeutsche aus Polen – dabei beginnt sie zu weinen. Meine Eltern versuchen, Vera zu beruhigen. Sie sind froh, das Haus bewohnt zu wissen.

Ob dies tatsächlich noch die Möbel von früher seien, fragt Mutti leise. Vera bestätigt. Meine Eltern sehen sich um, erkennen die Einrichtungsgegenstände ihrer ersten gemeinsamen Wohnung wieder. Nach der Hochzeit hatten sie nur drei Tage hier gelebt, dann musste Vati erneut zur Wehrmacht, Mutti zum Arbeitsdienst.

Vera möchte, dass meine Eltern etwas mitnehmen. Sie holt Besteck aus der Schublade, Geschirr aus der Anrichte, die Aussteuer meiner Großmutter, wie Vati erklärt.

Meine Eltern wollen nichts davon. Sie sind sehr dankbar, dass Vera alles so gut gepflegt hat.

Vera beteuert, dass sie nie jemandem etwas habe wegnehmen wollen. Wie könnte sie ihrer Tochter, die bald heiraten wird, dieses Geschirr mit den fremden Initialen vermachen? Das wäre eine Schande! Vera wäre erleichtert, wenn wir das Besteck und Geschirr mitnähmen, und natürlich auch den Mantel.

„Welchen Mantel?“, fragt Vati. Vera zeigt auf einen beigen Herrenmantel, der seitlich auf einem Bügel am Schrank hängt. Seit mehr als zwanzig Jahren wartet er dort: der Mantel meines Vaters!

Ruth Lenz-Tichai, Dipl.-Psych., Seminarleiterin, Autorin, Jahrgang 1953, Fürth

Im Dialog die Wunder entdecken, die das Leben schenkt

Katharina

Mein Schatz,

als ich den neuen Titel „Für mich bist du ein Wunder“ von Andi Weiss Geschichtensuche das erste Mal hörte, da dachte ich sofort an uns beide. Für mich ist es „wunder“-bar, wie wir unser „Füreinander-Dasein“ und unser „Miteinander-durchs-Leben-Gehen“ gestalten.

Für mich begann es schon bei unserer ersten Begegnung und dem Spaziergang in den Weinbergen. Da lief es mir eiskalt den Rücken runter, als wir in der Grabkapelle auf dem Rotenberg die Akustik genossen und unsere Stimmen sich im Klang vereinten – unisono, im Duett und im Kanon …

Andreas

Wenn ich an dieses erste Singen denke, dann erinnere ich mich auch an unser erstes gemeinsames Gebet, das wir miteinander und für uns gesprochen haben. Dabei habe ich sofort gemerkt, wie es Dir spontan gelungen ist, unsere Gedanken und Stimmungen im Gebet aufzunehmen. Da war ich „baff“. Immer wenn wir unterwegs sind und eine Kirche sehen, nehmen wir uns Zeit zum Singen und zum Gebet. Das ist für mich eine wichtige Kraftquelle im Alltag. Mittlerweile haben wir unsere eigenen Gebetsformen gefunden; wir begannen mit dem Stundengebet – erst in Deiner Kirchengemeinde, dann am Telefon und jetzt in unserer gemeinsamen Wohnung. Seit einem Monat schreiben wir auch unsere gemeinsame Schriftrolle. Gesang und Gebet miteinander zu verbinden und mit Dir teilen zu dürfen, ist für mich „wunder“-voll.

Katharina
Ja, die Schriftrolle hat es uns angetan. Es ist ein Prinzip, das ich aus meinem Kirchengemeinderat mitgebracht habe und was ich mit Dir einmal erleben wollte. Erst unsicher, ob Du Dich darauf einlassen kannst, war ich sehr positiv überrascht: Wenn wir auf der Schriftrolle notieren, was in den letzten Tagen oder Wochen passiert ist, erfahren wir beide sehr viel Tiefe. Ich nehme mich wahr, Du nimmst Dich wahr, ich spiegle Dir Deine Erfahrung, Du ergänzt, wofür ich noch keine Worte gefunden habe, und wir sagen einander zu, wie wir uns erlebt haben. Da sind wir beide sehr sensibel – nicht nur füreinander, sondern auch für den, der mit uns als stiller Begleiter unterwegs ist. Aber er ist nicht nur als Begleiter mit uns, sondern wir glauben und leben im Bewusstsein, dass wir von Gott geführt werden und auch von ihm zueinander geführt wurden. Dafür bin ich unendlich dankbar. Wovon ich immer geträumt habe, ist nun wahr geworden: mit einem Mann an der Seite durchs Leben gehen zu dürfen, der mit mir und mit dem ich meinen Glauben leben und teilen kann.

Andreas
Ein Wunder ist für mich auch, wie wir uns gegenseitig für unsere Vorlieben und Hobbys begeistern können. So hat mich z. B. Deine Begeisterung für Andi Weiss voll angesteckt, den ich vor unserer Zeit nur am Rande wahrgenommen habe; und Du wirst immer mehr zu einem Fan von Herbert Pixner, dessen Musik Du erst durch mich kennenlernen durftest. Wenn ich Dich bei Deinen unglaublich vielseitigen künstlerischen Fähigkeiten (Malen, Sticken, Nähen) in Kombination mit Deinem hervorragend ausgeprägten handwerklichen Geschick beobachten darf, sind das für mich einfach „wunder"-schöne Momente. Noch schöner ist es aber, wenn ich Dir bei Deinem Lieblingshobby, dem Fotografieren, assistieren und zuschauen darf. Deine Bilder sind für mich ein Wunder!

Katharina
Danke. Wo ich mich in der Vielfalt meiner Hobbys verliere, kannst Du Dich „wunder"-bar konzentrieren. Da ist Deine große Vorliebe für die Musik, und Du hast sie zu Deinem Beruf gemacht.

Ich finde die Art und Weise, wie Du mit der Königin der Instrumente – der Orgel – umgehst, einfach grandios. Ich genieße es, wenn ich Deinen Improvisationen lauschen darf: Dem Instrumentalvorspiel zum Gemeindegesang. Wie gerne errate ich, auf welches Lied Du hinführst. Oder Deinen freien Improvisationen – da wird es mal beschwingt, rhythmisch, kräftig und stark und dann ganz leise, zart und sachte wie ein Windhauch. Neben dieser Gabe be„wunder"e ich auch Deine Ausdauer, Deine Geduld und Deine Genauigkeit, mit der Du Dir neue Orgelliteratur erarbeitest und aneignest. Wochenlang, ständig und mit höchster Konzentration bereitest Du große Werke vor, wie z. B. „Grand Choeur Dialogué" von Gigout oder dem Finale von Guillmant … Wenn diese Werke dann klingen, bin ich richtig stolz auf Dich! „Das ist mein Schatz!", denke ich und bin glücklich.

Dein Herz schlägt auch für die böhmisch-mährische Blasmusik, in der Du unterschiedlichste Besetzungen und Ensembles kennst und auch viele Werke. Doch Du kennst sie nicht nur, sondern Du komponierst auch selbst solche Stücke für große Bläserformationen. Da bist du mit absolutem Herzblut dabei … und ich freue mich, wenn Du mich beim Hören auf Tonarten, Rhythmuswechsel und auch Besonderheiten einzelner Instrumente hinweist. So kann ich die Musik viel besser verstehen und tiefer genießen.

Apropos Tiefe: Andreas, ich bin Dir sehr dankbar für die Tiefe, die ich in Dir erlebe und die Du mit mir teilst. Durch meine Lebensgeschichte und die Einschnitte, die ich schon habe erleben müssen, bin ich kein „leichter" Mensch, und Du trägst das mit: Wir bauen z. B. gemeinsam die Eisenbahn auf, die mir mein verstorbener Papa vermacht hat. Du hältst mich, wenn ich emotional abstürze, oder Du hörst ganz bewusst und wach zu, wenn ich voll von Eindrücken bin. Die Sensibilität, die Du mir entgegenbringst, tut mir einfach gut.

Andreas

Jetzt muss ich doch einen Satz von Dir abschreiben: „Die Sensibilität, die Du mir entgegenbringst, tut mir einfach (genauso) gut."

Da durch meinen Stellenwechsel so manche Veränderung bei mir ansteht, ist es nicht immer ganz einfach für mich. Es gibt so vieles, auf das ich mich neu einstellen muss: neue Chöre, neue Pfarrer und neue Gemeinden. Da bist Du mein Rückhalt, trägst mich und hörst mir zu, wenn ich manchmal ins Zweifeln gerate oder mich viele unnötige Gedanken plagen. Du hast eine besondere Begabung, kritische Situationen mit dem nötigen Weit- und Rundumblick zu erkennen. Danke, dass ich von Deinen Tipps und Ratschlägen schon so oft profitieren konnte. Vor schwierigen Chorauftritten oder Orgelkonzerten, bei denen ich oft mit großer Anspannung zu kämpfen habe, schenkst Du mir immer Ruhe, die ich bisher so nie erfahren durfte. Wenn Du mir dann noch bei den großen Orgelwerken beim Umblättern assistierst, erfüllt mich das mit großem Stolz.

Ein Wunder ist für mich auch, wie Du mit meiner Seheinschränkung umgehst. Du merkst genau, wenn ich Schwierigkeiten habe, Texte oder Dinge zu erkennen, ohne dass ich Dich darauf hinweisen muss. Ich bin unendlich dankbar, dass ich mit Dir eine Partnerin gefunden habe, die mit meiner Seheinschränkung so souverän umgeht. Es tut gut, dass Du mich annimmst, wie ich bin. Danke, mein Schatz!

Katharina

Wenn ich diese Zeilen so lese, die wir im Wechsel gerade geschrieben und uns von PC zu PC zugeschickt haben, dann bin ich von großer Dankbarkeit erfüllt: Welche Dichte da im Raum liegt, wie viel Liebe füreinander in diesen Zeilen klingt und mit welcher Offenheit und welchem Bewusstsein füreinander wir durch unser Leben gehen … und es ist einfach wahr.

Andreas
Ja, wir durften schon so viele „Wunder" erleben: Unsere ersten gemeinsamen Urlaube in Südtirol und in der sächsischen Schweiz, unseren „Turbo-Umzug" nach Geislingen und das erste gemeinsame Weihnachten in unserer Wohnung. Da kann ich nur sagen, dass ich mich freue auf das, was vor uns liegt, und welche Spuren und Wunder Gottes wir entdecken und erfahren dürfen.

Katharina Pilz, Gemeindereferentin, Jahrgang 1988, Geislingen an der Steige

Andreas Schweizer, Dekanatskirchenmusiker, Jahrgang 1984, Geislingen an der Steige

In alle Ewigkeit

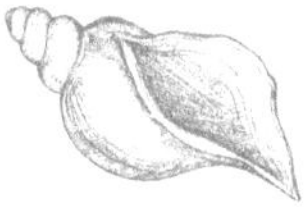

Der Anruf kam am frühen Abend. Es war Ende August. Mein Bruder war am Telefon und sagte in ruhiger und gefasster Stimme, dass es vermutlich noch in der darauffolgenden Nacht mit meinem Vater hier auf dieser Erde zu Ende gehen würde. Er lag im Sterben. Meine Mutter und mein Bruder waren bereits bei ihm im Krankenhaus. Gott sei Dank. Obwohl ich über seinen Gesundheitszustand gut Bescheid wusste und ich dadurch ein Stück weit darauf vorbereitet war, ihn bald loslassen zu müssen, kam es doch unerwartet an diesem Abend. Hatte meine Mutter mir nicht erst zwei Tage zuvor telefonisch berichtet, dass mein Vater ein Stück Wassermelone genießen konnte? Die hatte er schon immer sehr geliebt! Ich lebte 500 km entfernt von meinen Eltern. Vor vier Wochen hatten wir sie zuletzt besucht. Ich hatte mit meinem Vater bei sommerlichen Temperaturen auf dem Balkon gesessen. Jetzt wurde mir bewusst, dass es eine gute Begegnung war. Er hatte mir gesagt, dass er Freude an mir hätte. An mir und meiner Familie. Das war schön. Durch mein Eingespanntsein in den vollen Familienalltag mit drei kleinen Kindern hatte ich mich seitdem nicht mehr auf den Weg gemacht. Doch jetzt wollte ich es auf jeden Fall versuchen, ihm noch einmal zu begegnen. Als wäre ich ein Teenager, hatte ich auf einmal das Gefühl, es gäbe zwischen mir und meinem Vater noch unendlich viel zu klären. Ich hätte ihm so gerne noch gezeigt, wie lieb ich ihn habe. Meine Mutter beruhigte mich am Telefon. Sie übermittelte meinem Vater meine Gedanken und konnte mir versichern, dass von seiner Seite alles gut ist zwischen uns. Auch dafür bin ich dankbar. Ich telefonierte mit meinem ältesten Bruder, der an diesem Wochenende kein Auto zur Verfügung hatte.

Wir verabredeten, dass ich ihn unterwegs auf der Hälfte meiner Strecke abholen würde. Ich hatte Angst, in dieser Situation allein zu fahren. Klar war, dass mein Mann mich auf dieser Wegstrecke nicht begleiten konnte, da er bei den Kindern bleiben musste. Ich hatte wenig Zeit und rief einer inneren Eingebung folgend eine gute Freundin an. „Fährst du mit?", bat ich sie. Obwohl sie soeben erst die gleiche Strecke in entgegengesetzter Richtung gefahren war und gerade erst zu Hause angekommen war, sagte sie mir zu. Diesen Freundschaftsdienst werde ich nie vergessen. Uns verband schon immer die Herausforderung, erwachsene Töchter von kranken Vätern zu sein. Sie war die richtige Gesprächspartnerin in diesen schweren Stunden. Gegen 22:30 Uhr erreichten wir unser Ziel. Mein ältester Bruder erwartete uns bereits auf der Straße. Ich wollte sofort weiterfahren, doch mein Bruder bat uns, einen Moment in die Wohnung mitzukommen. Ich war irritiert. Was hatte das zu bedeuten? Zu dritt betraten wir die Wohnung, wo uns mein Bruder mitteilte, dass er soeben einen Anruf erhalten hatte, dass mein Vater bereits gestorben war. Wir lagen uns daraufhin in den Armen und ließen unseren Tränen freien Lauf. Und meine Freundin? Sie war dabei. Sie stand daneben und hielt es mit uns zusammen aus. Erst jetzt wurde mir bewusst, dass sie ja auch eine langjährige Freundin meines Bruders war. Obwohl sich zunächst das Gefühl des Versagens, es nicht mehr rechtzeitig geschafft zu haben, in den Vordergrund drängte, stellte sich im Laufe unserer nächtlichen Fahrt ein Hauch von Frieden bei mir ein. Den Rest der Nacht konnten wir dann im ersten Schmerz als Familie zusammen sein.

Es folgten schwere Stunden, Wochen und Monate. Trotzdem kann ich jetzt in der Rückschau sagen, dass es in dieser Phase besondere, sehr gehaltvolle Momente gab. Am nächsten Morgen, allein im Zimmer mit meinem Vater in der Pathologie, sang ich spontan ein Lied von Albert Frey für ihn. Ohne näher darüber nachzudenken, war mir die Melodie in den vergangenen Tagen immer wieder durch den Kopf gegangen, als hätte mir Gott dadurch sein Statement für diesen Moment geben wollen. Jetzt war auf einmal auch der Text präsent. Es heißt darin: „Unendlich viel hast du für mich getan. Du hast mich befreit vom Weg des Todes, mich auf weites Land gestellt, mit dir will ich nun leben, in alle Ewigkeit". Es klang in diesem Moment für mich wie eine tiefe Wahrheit, die über dem Leben und Tod meines Vaters stand und für ihn nun zur letztendlichen Erfüllung gekommen war. Das Gefühl, dass mein Vater viel zu früh gehen musste, ist geblieben. Aber mein Verhältnis zur Ewigkeit hat sich verändert. Zu wissen, dass mein Vater jetzt dort ist und sehen darf, was er geglaubt hat, hat meinen eigenen Blick auf die Dinge, die mich beschäftigen, verändert und meinem Glauben eine neue Tiefe gegeben. Besonders dann, wenn ich in den ersten Wochen danach in Gottesdiensten das Abendmahl mitfeierte, konnte ich diese Verbindung zwischen Jenseits und Diesseits besonders spüren. So, als wäre in dieser Zeit der Trauer ein Fenster in meiner Seele geöffnet, das normalerweise nicht offensteht.

Diese Erfahrung machte ich ganz besonders ein halbes Jahr nach dem Tod meines Vaters in einem Traum. Darin begegneten wir uns, und ich saß dicht neben ihm, so, als wäre ich noch seine kleine Tochter. Wir schauten gemeinsam auf einen herrlichen Sonnenuntergang. Mit Blick auf das Lichtspiel am Horizont sagte er zu mir: „Du weißt ja, was das bedeutet?" Und dann zitierte er als Antwort einen Liedanfang, der einen bekannten Bibelvers aufgreift. Er sagte: „Es bedeutet: Allein deine Gnade genügt, die in meiner Schwachheit Stärke mir gibt". In diesem Moment wachte ich auf und wurde vom Weinen geschüttelt. Die Begegnung im Traum war für mich so real gewesen, dass ich ihn regelrecht als Gruß vom Himmel empfand. Ich hatte mich im vergangenen Halbjahr eher durchgebissen und fühlte mich während dieser Zeit krank und mutlos. Diese Nähe zu meinem Vater im Traum hat mich tief berührt. Der darin verborgene Zuspruch von Gott wurde für mich zur Ermutigung in meiner konkreten Lebenssituation. Ich bin froh darüber, dass ich immer wieder Zeiten finden konnte, um zu trauern. Dadurch konnte ich erfahren, dass in der Trauer mit Blick auf die Ewigkeit ein besonderer Schatz liegt, der uns in neue Dimensionen führt. Auch im Buch des Predigers im Alten Testament heißt es, dass alles seine Zeit hat. Klagen hat seine Zeit. Und Tanzen hat seine Zeit. Fast sieben Jahre ist es jetzt her, seitdem mein Vater nicht mehr hier ist. Es gibt immer wieder Momente, in denen ich traurig bin, weil er nicht mehr hier ist. Inzwischen steht trotzdem in meinem Leben wieder viel mehr das Tanzen als das Klagen im Vordergrund. Die Freude am Tanzen hat mir übrigens mein Vater vererbt. Es gibt ein lustiges Foto von uns, wo meine Geschwister und ich mit ihm im Wohnzimmer tanzen und Spaß haben. Er war es auch, der es mir später wiederholt ermöglicht hat, meinen Tanzträumen nachzugehen. Heute steht ein schönes Porträt von ihm auf der Kommode in meinem Vorbereitungsraum. Immer dann, wenn ich neue Tanzsequenzen für meine Tanzstunden ausprobiere, lächelt er mir dabei freudig zu, zumindest kommt es mir so vor.

Gabriele Tergau, Tanzpädagogin, Pilates-Trainerin und Pädagogik-Dozentin, 1978, Steinen

Schmerz lass nach!

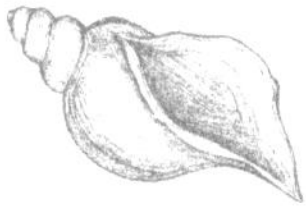

Als selbstständiger Grafik-Designer arbeite ich sehr, sehr viel am Schreibtisch sitzend. Das bereitete mir anfangs keine Schwierigkeiten, doch mit den Jahren wurde mein Rücken zu meiner Problemzone. Immer wieder litt ich unter sehr starken Rückenschmerzen, nahm Schmerzmittel, wurde durchgeknetet. Haltungsschäden wurden festgestellt – alle Maßnahmen waren nur für eine kurze Zeit lindernd. Die krasseste Stellung beim Arbeiten war: auf dem Bauch liegend, mit vielen Decken drunter, und erhöht auf einem Tisch liegend vor dem Computer. Nur so spürte ich keine Schmerzen.

Die frustrierende Diagnose eines Arztes lautete schließlich: „Sie hatten ja schon drei Bandscheibenvorfälle." Das schlug ein wie ein Blitz! *Wie sollte es mit dieser Diagnose weitergehen?*

Die schmerzfreien Phasen dauerten zum Glück viel länger als die mit Schmerzen. Während einer solchen Zeit fuhren meine Frau Heike und ich einmal zu einem verlängerten Wochenende mit einem wunderbaren, pensionierten Ehepaar aus England, Peter und Tricia, das uns die Bibel auslegte. Es war grandios. Sie kündigten für den Abend einen Heilungsgottesdienst an. Das war mir neu und ich erwartete sehr gespannt, was wohl passieren würde.

Am Abend lehrten sie uns anhand der Bibel, wie Jesus auf verschiedene Arten geheilt hatte, und boten anschließend kranken Menschen an, für sich beten zu lassen. Das war stark! Alle Teilnehmer sollten mitbeten. Das bereitete mir sehr viel Freude, besonders, da Gottes Geist und sein Frieden so spürbar im Raum waren. Bald gab es riesigen Jubel, denn mindestens 15 Menschen wurden geheilt. So etwas hatte ich noch nie erlebt, wow!

Zum Abschluss betete Peter von vorne für alle Anwesenden, und ich bemerkte in meinem Körper ein aufsteigendes Beben, sodass ich mich hinlegen musste. Schnell eilte mein Freund Gerry herbei und legte mir ein Kissen unter den Kopf. Er meinte später: „Du hast dich gewunden wie wenn dein Kreuz aus Gummi wäre, in Wellenbewegungen." Ich hatte meine Augen geschlossen und konnte währenddessen von außen in mich hineinschauen. Ich sah, wie meine Wirbelsäule verbogen wurde. Es knackte an einigen Stellen. Selbst die kleinsten Wirbel wurden gerichtet und alles wurde wieder wie Legosteine zusammengesteckt, ganz natürlich. Ich ruhte mich danach aus – verschwitzt, aber mit einem innerlichen Frieden und einer großen Wärme im Rücken. *Was war geschehen, hatte Gott mich wirklich geheilt?*

Einige Wochen später war mein Freund Rainer bei uns zu Besuch. Als er von meinen neuerlichen Rückenproblemen hörte, handelte er sofort. Er untersuchte die Länge meiner Beine und stellte fest, dass sie unterschiedlich lang waren. (Das wussten die Ärzte auch.) „Soll ich beten, dass Gott die Länge der Beine angleicht?" fragte er mich. Nach meiner positiven Reaktion fing er an, ein ganz kurzes Gebet für mich zu sprechen. Ich hatte die Augen geschlossen und spürte erneut Wärme. Aber Rainer und mein jüngster Sohn Hannes sahen wie das kurze Bein länger wurde. Anschließend zog ich die Hausschuhe an und hatte beim Gehen ein ganz ungewohntes Laufgefühl. Wow, Gott hat das Gebet erhört. Was für ein Wunder!

Und doch gab es immer wieder kleine Rückenprobleme bei mir. Ich spürte immer wieder ein ziemlich schmerzhaftes Ziehen und entschloss mich, zu den besten Rückenärzten in Deutschland nach Bad Wildbad zu gehen. Dort wurde ich untersucht, geröntgt und bekam vom Arzt gesagt, dass nichts Krankhaftes auf den Röntgenbildern sichtbar sei. Die Schmerzen kämen einfach durch eine Verspannung. Ich forderte ihn auf, genauer nach meinen Bandscheibenschäden zu forschen. Doch er konnte nichts feststellen, war etwas perplex, und ich erzählte ihm begeistert: „Das hat Gott geheilt!" So konnte man anhand der Röntgenbilder nachweisen, dass ich an dem Wochenende mit Peter und Tricia tatsächlich geheilt worden war.

Obwohl sich meine beruflichen Umstände nicht verändert haben, genieße ich die Zeit ohne Schmerzen. Seit über 10 Jahren habe ich nur noch kleine Verspannungen im Rücken. Das ist wunderbar! Danke, wunderbarer Jesus!

Rainer Zilly, Art-Direktor / Kreativ-Agentur Zilly, Jahrgang 1967, Remchingen

ANDI WEISS
SINNVOLL LEBEN

WWW.ANDI-WEISS.DE

ANDI WEISS – sinnvoll.leben. – Mein Beratungsangebot

Neben meinen Konzertreisen liebe ich es, Menschen in der herausfordernden Vielfalt des Lebens zu begleiten. Viele Menschen wünschen sich in schwierigen Lebenssituationen Entlastung, Verständnis und Unterstützung. In der logotherapeutischen Beratung suchen wir gemeinsam Wege, mit Problemen verantwortungsvoll umzugehen, vorhandene Ressourcen und Stärken zu ergründen – aber auch Schwächen zu integrieren und Unveränderbares anzunehmen. Die Suche nach Sinn und Werten soll helfen, die Freude am Leben neu zu entdecken und den Alltag selbstständig und bewusst zu gestalten.

Als Coach und Logotherapeut berate und begleite ich nun schon seit vielen Jahren Menschen in Krisensituationen. Die Logotherapie wurde von dem Wiener Arzt und Psychologen Viktor Frankl begründet. Sie ist – nicht zu verwechseln mit der Logopädie (Sprachheilkunde) – eine sinnzentrierte und an den Werten des Menschen ausgerichtete Form der Beratung. Frankl selbst sprach auch von „Ärztlicher Seelsorge". So wird die Logotherapie auch Sinnseelsorge genannt. Die Beratungen finden in der Regel am Telefon statt. Auf Wunsch können die Sitzungen auch in meinem Münchner Büro stattfinden. Immer öfter schenken Menschen anderen Menschen die Möglichkeit, mein Beratungsangebot wahrnehmen zu können. Vielleicht wollen Sie auch einem Menschen in Ihrer Umgebung etwas Gutes tun?

Mit meinem aktuellen Album „Gib alles, nur nicht auf!" mache ich mein Herzensanliegen zur Herzensbotschaft. Die 18 deutschsprachigen Songs sind ermutigend und schaffen ein Bewusstsein für die eigenen Stärken. Mit jedem gesungenen Wort und jeder gespielten Note rufe ich den Zuhörern zu: *„Du bist größer als deine Angst"* und *„Es ist ein Glück, dasss es dich gibt"*. Es ist meine bisher aufwendigste Produktion und neben klassischer Bandbesetzung habe ich die Songs u. a. mit Geige, Cello, Klarinette, Akkordeon und Hammondorgel eingespielt. Dabei wurde ich von vielen wunderbaren Musikeren unterstützt, so z. B. von Dania König, Johannes Falk, Dominik Plangger, Simon Kosse und auch meine Ehefrau Martina hat mitgewirkt. Eine Einladung zum *„In sich hineinfühlen"* oder auch zum *„Glauben, der Berge versetzt"*.

Das Impulsbuch zur CD: den Leser erwarten kurze Impulse, persönliche Fragen und Anregungen, die dazu ermutigen, das eigene Leben sinnvoll zu gestalten. Ein Buch zum Weiterdenken, Weitergehen und Weiterleben – in modernem Magazinstil!
Das Buch eigenet sich auch ideal zum Verschenken.

Weitere Angebote zu meiner Musik, weiteren Büchern und zum Angebot der Lebensberatung finden Sie unter *www.andi-weiss.de*

FSC
www.fsc.org
MIX
Papier aus verantwortungsvollen Quellen
FSC® C014496

1. Auflage 2020
Bestell-Nr. 817663
ISBN 978-3-95734-663-6

Umschlaggestaltung: Anna-Lisa Offermann unter Verwendung von Shutterstock
Satz: Apel Verlagsservice, Bad Fallingbostel
Druck und Verarbeitung: GGP Media GmbH, Pößneck
Printed in Germany

www.gerth.de